Luis Sánchez Abal

UNOS AÑOS DE EMIGRACIÓN EN BUENOS AIRES

EDICIÓN FACSIMILAR

Xosé M. Núñez Seixas
Ruy Farías Iglesias
Estudo introdutorio

Autor
Luis Sánchez Abal

Estudo introdutorio
Xosé M. Núñez Seixas
Ruy Farías Iglesias

Edita
© CONSELLO DA CULTURA GALEGA, 2024
Pazo de Raxoi · 2º andar · Praza do Obradoiro
15705 Santiago de Compostela
T 981 957 202 Fax 981 957 205
correo@consellodacultura.gal
www.consellodacultura.gal

Proxecto gráfico
Imago Mundi Deseño

Maquetación e impresión
Mabel Aguayo

Depósito legal: C 1907-2024

ISBN 978-84-17802-69-1

Unos años de emigración en Buenos Aires

ÍNDICE

Un dos obxectivos do Arquivo da Emigración Galega do Consello da Cultura Galega é a difusión de estudos sobre o fenómeno migratorio, a través de publicacións de obras de interese cultural e científico. Nesa liña, e en colaboración coa Secretaría Xeral da Emigración da Xunta de Galicia, aprácenos presentar ao público esta colección de libros que desfrutan da consideración de ser obras clásicas para o coñecemento e análise da emigración galega nas súas diversas épocas, destinos e facetas. Recadamos e divulgamos obras que hoxe en día son difíciles de atopar en bibliotecas ou librarías, e que así poden ser máis accesibles para o público investigador, mais tamén para calquera persoa interesada no tema.

Como ben afirmara Manuel Murguía, non se pode entender a Galicia moderna e contemporánea sen a emigración. Trátase dun fenómeno que atinxe de forma transversal a todas as dimensións da súa existencia, no eido social, económico, político e cultural. Como non podía ser doutro xeito, as reflexións sobre o fenómeno migratorio son case tan antigas coma o comezo das migracións masivas. Xa dende finais do século XIX publicáronse en Galicia e América libros, folletos e artigos xornalísticos que tiñan como obxectivo a comprensión acaída do que se percibía como un éxodo crecente de milleiros de galegos e galegas. Intelectuais, políticos, publicistas e mesmo tamén emigrantes do común posicionábanse así a prol ou en contra da emigración, preguntábanse polas súas causas e polas leis invisibles que a determinarían. Xa daquela xurdiran partidarios e detractores das migracións, optimistas e pesimistas.

Dende mediados do oitocentos, a prensa galega publicou centos de artigos e testemuños coa emigración como fío condutor. Inquiríase sobre as súas causas e solucións, denunciábanse abusos e condicións de viaxe, dábanse consellos a quen quixese emigrar, informábase tamén sobre as condicións nos lugares de destino, a existencia e actividades das comunidades de emigrantes que se artellaban alén mar. Os intelectuais máis lúcidos escribiron así abondosas reflexións; tamén institucións e organismos oficiais emitiron informes, publicaron estatísticas, e mesmo promoveron congresos para coñecer e, en moitos casos, dar cabo ao fenómeno migratorio.

Nesta colección pretendemos ofrecer unha escolma destas obras, merecentes de seren rescatadas do esquecemento, e que sen dúbida contribúen a coñecer e valorar a historia da emigración galega dende diversas perspectivas. Inclúense libros publicados por autores coetáneos ao fenómeno, dende Ramón Castro López a Vicente Riguera, que exerceron un certo influxo na sociedade do seu tempo. Recóllense tamén os testemuños e reflexións legados polos propios protagonistas da emigración, fosen eles mesmos migrantes ou fillos de migrantes, que gozaron tamén dunha ampla difusión na colectividade emigrada. Velaí o caso de escritores e xornalistas hoxe esquecidos, mais que no seu tempo deixaron unha gran pegada nas colectividades galegas emigradas, pero tamén na mesma Galicia, coma, entre outros, Fortunato Cruces, Julio Sigüenza, Waldo Álvarez Insua ou Mercedes Vieito Bouza. En fin, tamén se inclúen nesta colección obras que, dende a década de 1930, sentaron os primeiros alicerces da actual e puxante historiografía galega das migracións, dende Luisa Cuesta a Ramón Otero Pedrayo.

A publicación facsimilar destas obras acompáñase de cadansúa introdución e estudo crítico, escritos por salientados especialistas de diversas disciplinas académicas, dende a Historia ata os Estudos Literarios, para contextualizar e presentar ao público as características principais e mais a relevancia de cada un dos clásicos da emigración.

Agardamos, por tanto, que esta colección *Clásicos da emigración* sexa da maior utilidade e proveito para todos aqueles e aquelas que teñan interese en coñecer polo miúdo, fóra de estereotipos e simplificacións, as características e variantes do fenómeno migratorio en Galicia, como parte integral e determinante da nosa identidade colectiva, mais tamén do noso pasado e futuro colectivos.

Rosario Álvarez
Presidenta do Consello da Cultura Galega

G alicia non sería a que é sen o mar. Tampouco o sería sen as árbores, ríos, e produtos da terra e do mar, que fan dela un dos paraísos turísticos e de calidade de vida do mundo enteiro. Iso é exactamente o mesmo que ocorre coa emigración. Galicia non sería Galicia sen os centos de milleiros de galegos que hai espallados polo mundo, que a fan cada día máis universal e infinita, variada, multicultural e rica. A emigración ten a mesma importancia para a nosa terra que a nosa paisaxe, a nosa gastronomía ou as nosas tradicións na definición do noso sinal de identidade. A pegada dactilar de Galicia ten a forma dos cinco continentes, porque sen eles non estaría completa.

Resulta estéril intentar debuxar os límites xeográficos de Galicia. Todos coñecemos e somos capaces de deliñar cos ollos pechados a topografía da nosa comunidade autónoma, pero resúltanos imposible trasladar esas fronteiras á nosa patria, á nosa terra, ao noso fogar. Os centos de milleiros de galegos que ao longo das últimas décadas pecharon as ventás das súas casas para construír fogares e abrir as portas a unha nova vida crearon sistemas sanitarios como os que aínda hoxe rexen a sanidade en moitos países, enviaron cartos para que os que quedaron na Galicia territorial puidesen seguir estudando para buscar un futuro mellor e procuráronlles traballo desde os seus países de destino aos que querían seguir os seus pasos.

E non só iso. A achega que fixeron os emigrantes galegos ao patrimonio inmaterial de Galicia aínda hoxe constitúe un fito difícil de igualar. Os escritores, debuxantes, pintores, músicos e outros intelectuais que crearon a súa obra a partir ou desde a emigración fixeron, en moitos casos, historia e escribiron páxinas únicas da arte mundial. Alfonso Daniel Rodríguez Castelao, Luís Seoane, Rosalía de Castro, Manuel Colmeiro, Emilia Pardo Bazán, Mestre Vide, Xosé Castro «Chané»..., é infinita a listaxe de nomes propios que gañaron o dereito de figurar en maiúsculas para a eternidade.

Décadas despois, cando estes tempos quedaron atrás e Galicia avanza máis ca nunca, os emigrantes seguen a contribuír coa súa terra e seguen a constituír unha oportunidade sen límites para a nosa comunidade, tanto os que están fóra como os que retornan cada día ou están a pensar en facelo. Por iso Galicia se sente tan orgullosa da súa emigración.

A viaxe de ida e, en moitos casos, volta dos emigrantes segue aínda hoxe a xerar un acervo fundamental na historia de Galicia grazas aos autores que reflicten este fenómeno, que se adentran nel para convertelo nun recordo á vez dunha obra mestra da literatura. Nesta colección intentamos darlles o espazo que merecen e poñer en valor a súa importancia para o presente e o futuro da nosa terra. Espero que gocen de todas e cada unha das obras que a integran e tamén, por que non, que nos axude a lembrar e entender, mellor aínda se cabe, á nosa querida Rosalía, emblema da nosa poesía, cando dicía: «¡Ai, quen fora paxariño / de leves alas lixeiras! / ¡Ai, con que prisa voara, / toliña de tan contenta, / para cantar a alborada / nos campos da miña terra!».

Antonio Rodríguez Miranda
Secretario xeral da Emigración da Xunta de Galicia

LUIS SÁNCHEZ ABAL: ANOTACIÓNS SOBRE A VIDA E OBRA DUN XORNALISTA GALEGO EN BOS AIRES, 1912-1957

Xosé M. Núñez Seixas
Universidade de Santiago de Compostela / Consello da Cultura Galega

Ruy Farías Iglesias
Consejo Nacional de Investigaciones Científicas y Técnicas / Universidad Nacional de San Martín, Bos Aires

O ourensán Luis Sánchez Abal (?-1957) é un de tantos integrantes da elite intelectual e xornalística da colectividade galega en Bos Aires nas dúas primeiras décadas do século xx cuxo trazo se perdeu nas brétemas da historia, tanto en Galicia como, en boa medida, na Arxentina. Nestas liñas, tentaremos tracexar a súa biografía con base nun feixe de datos ciscados en diversas publicacións e obras de referencia, á agarda dunha biografía definitiva dun personaxe singular[1].

Nado na cidade das Burgas contra comezos da década de 1890, Luis Sánchez Abal era fillo dun militar, Celestino Sánchez Raposo (?-1933), quen de simple sarxento e auxiliar da inspección de escolas da provincia de Ourense conseguiu ascender a tenente —típico oficial *de cuchara*— e finalmente a capitán dos rexementos de infantaría de San Fernando, Ceriñola e de Murcia, con destinos sucesivos en Lugo, Tui, Ourense e Pontevedra. Nesta última cidade estableceuse nos últimos anos da súa vida, e participou de xeito activo en procesións e confrarías relixiosas, como devoto católico que era. O seu fillo Luis era un mozo espelido e con certa formación, adquirida no Seminario Menor de Ourense, onde cursou os estudos

---

[1] Cf. apenas a breve recensión biográfica que lle adica A. Vilanova Rodríguez na súa magna obra *Los gallegos en la Argentina*, Bos Aires, Eds. Galicia, 1966, vol. 2, p. 1413.

secundarios con certa brillantez, que rematou en 1910-1911, e obtivo o título de bacharel. Neses anos o estudante semellaba seguir os devotos pasos do seu pai, pois facía parte en 1910 da directiva da Juventud Católica ourensá[2].

Porén, xa de moi novo apuntaba inquedanzas xornalísticas. Así, colaborou de xeito ocasional no xornal liberal *El Eco de Orense* co pseudónimo *Godofredo de Bouillon*, ademais de en *El Miño*. Tamén tiña aspiracións literarias, que primeiro se canalizaron cara á poesía. Publicou varios poemas na prensa local, nos que tratou temas militantemente relixiosos, como a defensa da fe cristiá fronte a supostos inimigos internos, presumibelmente ateos e republicanos[3]; mais tamén composicións galantes. Nunha delas, de maneira un tanto equívoca e mesmo frívola, abordaba o seu amor puro con imaxes sensuais —«beso ensangrentado de sus dos labios rojos»— por unha moza de beleza prístina e anxelical mais que, en tempos en que as vestais cedían paso «ante el tálamo impuro de las venus carnales», habería enfrontarse a unha «sociedad neurótica, degradada y lasciva»[4]; boa mostra do que sería a súa evolución posterior no terreo da novela, no que liberaría esa vea máis irreverente e mesmo erótica. Luis Sánchez Abal gañou ademais algúns galardóns poéticos en certames literarios na súa cidade natal, tamén cultivando temas relixiosos; e en 1911 foi distinguido con dous premios (en lingua castelá e latín) na promoción que remataba o bacharelato[5].

---

[2] «Juventud Católica», *La Región*, 8.11.1910; «Noticias», *La Región*, 20.11.1910.

[3] Cf. L. Sánchez [Abal]: «Al cruzado», *La Región*, 20.04.1910. Nel cantaba ao «gladiador de la fe» que había estar preparado para o día en que «la irreligión muestre su saña», pois «[v]an a imponernos nueva tiranía / obedeciendo a la presión extraña. / ¡Cruzado, a la palestra! Dios nos guía, / los infieles ya están dentro de España».

[4] L. Sánchez [Abal]: «Recuerdo», *La Región*, 8.06.1910.

[5] Así, en marzo de 1910 participou con dúas poesías «A San Fernando» na velada literario--musical na honra de Santo Tomé de Aquino celebrada no Seminario Conciliar de Ourense, demostrando unha «aplicación y talento» que xa apuntaría en ocasións anteriores. Cf. *La Región*, 6.03.1910 e 9.03.1910. Para os premios, cf. *El Miño*, 3.10.1911.

Xosé M. Núñez Seixas e Ruy Farías Iglesias

I

Unha vez concluídos os seus estudos, e quizabes para evitar ser chamado para o servizo militar —malia a condición de oficial do exército do seu pai—, Luis Sánchez Abal emigrou a Bos Aires pouco despois desa data, entre finais de 1911 e comezos de 1912. Era un de tantos migrantes con certa formación —*bachilleres,* como definiría o escritor vasco-arxentino Francisco Grandmontagne— que aspiraban a facer carreira na metrópole austral no eido das letras, da prensa ou das profesións liberais e a tribuna pública.

Cando a súa nai, Flora Abal Grande, faleceu de xeito prematuro o 2 de xullo de 1914, o seu fillo Luis xa figuraba como ausente, segundo a necrolóxica publicada na prensa local. A súa irmá Presentación uniuse a el en Bos Aires pouco despois de ficar orfa de nai, pois alí residían xa dúas tías maternas, que abofé acolleran denantes o seu irmán nos seus primeiros pasos no novo país. Apenas decorrido un ano dende a súa arribada ao Río da Prata, Presentación Sánchez Abal casou co comerciante coruñés Celso Gerpe, quen tamén tiña algunhas ínfulas literarias. O pai dos irmáns Sánchez Abal ficou só en Galicia, situación cando menos rechamante; talvez as relacións paterno-filiais non eran óptimas. Porén, aínda casou de novo en 1928 coa filla dun acreditado industrial pontevedrés, Rosario Goy. A súa nova vida marital non habería durar moito: cinco anos despois o capitán na reserva Celestino Sánchez faleceu de maneira fortuíta mentres se achaba de viaxe en Palencia. Os irmáns Sánchez Abal xa non terían razóns no sucesivo para volveren de maneira definitiva a Galicia, algo que probabelmente non consideraran xamais[6].

Ignoramos que oficio desempeñou Luis cando arribou á capital da Arxentina, alén das alusións autobiográficas que esparexeu nalgún dos seus relatos. Empregouse quizais durante

---

[6] Cf. algúns datos en A. Piñeiro: «Un inquilino ocasional na Casa Rosada», *La Región*, 13.05.2024. Igualmente, *La Región*, 2 e 4.07.1914, e *El Ideal Gallego*, 17.05.1933.

algún tempo como dependente de comercio, coma tantos inmigrantes da súa xeración con certas letras e algúns contactos previos, fosen parentes ou conveciños, na cidade. Porén, dende moi axiña o novo Sánchez Abal tentou progresar no eido das letras e do xornalismo, no que avanzou con certa rapidez. Entrou en contacto cos círculos máis inquedos e anovadores da colectividade galega, e facía parte ao pouco tempo da súa chegada ao Río da Prata dos parladoiros e conciliábulos da elite *plumilla* da comunidade inmigrante, composta de xornalistas, literatos e algúns profesionais liberais. É máis que probábel que niso influísen as recomendacións dos directores dos xornais ourensáns nos que se iniciou profesionalmente.

Unha vez asentado en Bos Aires, Sánchez Abal deixou atrás de maneira definitiva a súa militancia católica de outrora, que quizais nunca fora moi sincera. Sentíase desligado do fogar paterno, polo que non parecía sentir especial señardade. Salientou nun comezo na esfera pública galaico-arxentina, sobre todo pola súa propaganda a prol do agrarismo comandado polo crego Basilio Álvarez, a quen talvez coñecese no seu Ourense natal denantes de emigrar, pois tamén o crego agrarista colaborara en *El Eco de Orense* en 1908-1909[7]; é igualmente probábel que tamén tivese trato estreito na cidade das Burgas co director do xornal liberal *El Miño* e da revista literaria *Mi Tierra* (1911)*,* Eugenio López-Aydillo, agora colaborador de *Acción Gallega* e personaxe dunha longa e volúbel traxectoria política[8]. Así, en abril de 1913 o novo inmigrante publicaba na coidada revista rexionalista e proagrarista porteña *Suevia,* dirixida polo xorna-

_____

[7] Para máis detalles, cf. M. Cabo Villaverde (2023): «*Ese vento que vai sóbor da terra*». *A vida desmedida de Basilio Álvarez*, Ourense, Deputación Provincial de Ourense.

[8] Cf. varias referencias en M. Valcárcel Pérez (1987): *A prensa en Ourense e a súa provincia*, Ourense, Deputación Provincial de Ourense. No mes de xullo de 1911, o mozo Luis Sánchez Abal participaba nun xurado dunha competición ciclista xunta López Aydillo: *El Miño*, 2.07.1911. Sobre a traxectoria de Eugenio López-Aydillo, cf. M. Cabo Villaverde (2022): «Queridísimo Aydillo: *Acción Gallega* a través do epistolario inédito López Aydillo-Basilio Álvarez», en VV. AA., *Justo Beramendi: galego por elección*, Santiago de Compostela, Museo do Pobo Galego, pp. 133-144.

lista Xaquín Pesqueira, un afervoado poema en honra do crego de Beiro en tons manifestamente ditirámbicos e plenos de fe na súa capacidade como líder de masas:

Apóstol arrogante de las abnegaciones,
defensor generoso del vejado labriego,
son víctores y aplausos los que en tu honor allego,
son de los emigrados las roncas ovaciones.

As gabanzas non remataban aí. Ademais de bravo orador «de frases de fuego», Sánchez Abal devecía por que Basilio se dirixise aos emigrados de «sangre ardiente y joven» para «explicarnos tus planes redentores / que aquí cien mil gallegos, de tu obra admiradores, / desean consagrarte caudillo de su raza»[9]. Que enxergaba o novo poeta en Basilio, así como nos xornalistas López Aydillo ou Manuel Portela Valladares, promotores da Liga de Acción Gallega? Segundo as súas propias palabras, «abnegación» e coraxe para liderar unha grandilocuente rebelión da «región gallega» no nome da liberdade e da democracia. Revolta de cuxos contidos e obxectivos, porén, non fornecía máis detalles. De feito, Sánchez Abal non enunciaba programas políticos concretos alén da loita contra do caciquismo, da exaltación das virtudes cidadás e dun culto estético á rebeldía, inzado de referencias á recuperación da virilidade dunha rexión que rexurdía «después de quinientos años de castración moral». Galicia converteríase nun «inmenso volcán de amor y odio que, como dijo Basilio Álvarez, es amor rugiente». No fondo, expresaba un devezo vitalista, moi de época, que clamaba por un líder capaz de expresar arelas de liberdade pouco concretas, no mellor estilo populista[10]. Trazos que, como veremos, trasladaría despois na súa fe noutros líderes políticos ou *caudillos* carismáticos.

---

[9] L. Sánchez [Abal]: «A Basilio Álvarez», *Suevia*, 5, 26.04.1913.

[10] L. Sánchez [Abal]: «Mirando a Galicia. Los abnegados», *Suevia*, 7, 24.05.1913.

Sánchez Abal agardaba a mediados de 1913 que Basilio Álvarez, á fronte da súa organización Acción Gallega, viaxase en breve á Arxentina. Pois, razoaba, de América xurdiran os ideais de liberdade e democracia que agora aniñaban nos labregos galegos, e, logo da viaxe de Basilio a Cuba meses denantes, cumpría agora que os inmigrantes na Arxentina apoiasen o asalto ao reduto do inimigo común, «el caciquismo». No crego de Beiro seguía a ollar capacidades extraordinarias, un apóstolo laico: a súa «palabra maravillosa y rotunda» obraría unha sorte de milagre entre os emigrados. O liderado de Basilio posuiría ademais «la virtud de hacernos sentir más arrogantes, más gallegos, más hombres», recuncando na clara asociación entre virilidade, rebeldía e espertar comunitario[11].

Ese mesmo mes Sánchez Abal participou de maneira activa no mitin antiforal realizado no Orfeón Español, no que se fixo notar pola súa fogosa oratoria. Pouco despois, en setembro de 1913, asumiu tamén o posto de delegado na Arxentina de Acción Gallega; porén, en decembro dese ano xa deixou o seu cargo, argumentando as obrigas do seu novo posto como empregado ao servizo da Intendencia (municipalidade) de Bos Aires. Quizais non era por acaso que o seu valedor López-Aydillo abandonase tamén o movemento agrarista nesas datas, mercado segundo algúns por un posto de funcionario[12]. De feito, Basilio Álvarez demorou a súa visita á Arxentina case dous anos, e os efectos da súa estadía austral en xullo de 1915 foron menos espectaculares do previsto por Sánchez Abal, quen desempeñou un rol menos protagonista do que cabía agardar. Basilio pronunciou afervoados discursos en varias entidades galegas, así como nun acto organizado no teatro Poliorama; e o Centro Galego nomeouno socio honorario. Mais poucos compromisos visíbeis ficaron da súa visita[13].

---

[11] L. Sánchez [Abal]: «¿Vendrá Basilio Álvarez?», *Suevia*, 8, 14.06.1913.

[12] A. Vilanova Rodríguez, *Los gallegos…*, *op. cit.*, vol. 2, p. 1040; *La Región*, 12.12.1913.

[13] A. Vilanova Rodríguez, *Los gallegos…*, *op. cit.*, vol. 2, p. 1343.

Contra maio de 1912, probabelmente aos poucos meses de arribar a Bos Aires, Sánchez Abal comezara tamén a colaborar, co pseudónimo *Mingos d'Ourense*, no máis importante órgano periódico da colectividade galega, o semanario *Correo de Galicia*, fundado en 1908 polo xornalista e publicista coruñés José R. Lence. Que o mozo ourensán presentase credenciais agraristas non o prexudicaba, pois *Correo de Galicia* contaba con Basilio Álvarez como un dos seus principais correspondentes na outra beira do Atlántico[14]. Igualmente, asinou varias colaboracións na revista *El Eco de Teo*, xurdida en 1916 logo dunha escisión na Federación de Residentes de Teo en Sud América, e en cuxas páxinas tamén escribiron xornalistas e literatos achegados a diversos credos. Algúns vencellábanse ao socialismo, coma o ponteareán Ángel Martínez Castro; outros ao republicanismo, coma o xa maduro avogado e xornalista ourensán Julio Carballo Enríquez e o tamén ourensán Gaspar Oitabén; e outros máis ao rexionalismo galego na súa fase de transición cara ao nacionalismo pleno, casos de Xaquín Pesqueira —quen despois colaboraría no xornal porteño *La Nación*—, do ferrolán Miguel Revestido e mais do poeta natural de Cambre Xulio Díez Miranda, entre outros. Após 1920, *El Eco de Teo* desaparecería para dar paso á revista *Hércules*, voceiro da Federación de Sociedades Agrarias e Instrutivas da Provincia da Coruña en Bos Aires.

Neses cenáculos da elite intelectual e xornalística inmigrante, Sánchez Abal non salientaba aínda de maneira especial polas súas inquedanzas políticas explícitas, nin tampouco por firmes postulados ideolóxicos, máis alá dun pouco concreto desexo de redención agraria, de rexeneración —aínda que invocada en tons ardentes e pseudorrevolucionarios— da vida política galega e reformismo social e mais dun morno republicanismo, que abofé se debeu acentuar na Arxentina. Desta maneira, Sánchez Abal participou xunta outros *plumillas* inmigrantes, coma

---

[14] Segundo informaba *El Miño*, 14.05.1912. Infelizmente, a falla de coleccións conservadas e consultábeis de *Correo de Galicia* entre 1909 e 1919 fai imposíbel recompilar as colaboracións do xornalista ourensán.

o comisionista, poeta anticaciquil e autor teatral Xulio Díez Miranda e o mesmo José R. Lence, na fundación en 1915 dunha Asociación Coral Gallega, escisión pola súa vez do Orfeón Gallego que fora alentada polo propio director de *Correo de Galicia* e presidida por Díez Miranda. Ademais de promover a música coral e as representacións teatrais, para o que creou un cadro escénico e un coro de seu, a Asociación Coral Gallega identificábase cun tépedo credo rexionalista. A finais de 1917, a asociación desempeñaba en Bos Aires a representación de *A Nosa Terra,* órgano das Irmandades da Fala*,* xurdidas un ano denantes en Galicia. Varios dos seus membros integráronse ao pouco tempo na Asociación Rexionalista A Terra, a primeira entidade en facerse eco explícito do ideario das Irmandades na Arxentina. Sánchez Abal ocupou nela o posto de vicesecretario[15].

No entanto, o ton ideolóxico dos discursos de A Terra e as colaboracións dalgúns dos seus membros, como Pesqueira, en *El Eco de Teo* e outros periódicos acreditaban que a recepción do novo vocabulario político do emerxente nacionalismo galego, que se afirmaría de maneira definitiva na Asemblea de Lugo realizada polas Irmandades en novembro de 1918, era máis ben superficial. Os primeiros parceiros das Irmandades en Bos Aires situábanse aínda nos marcos cognitivos do rexionalismo rexeneracionista, con contornas autonomistas e en menor medida federalistas, e non se adheriron na súa maioría aos postulados de autodeterminación, federalismo e iberismo das Irmandades[16].

Malia esa militancia inicial en A Terra*,* o certo é que Luis Sánchez Abal non seguiu por moito tempo os seus correlixionarios de outrora polo vieiro do galeguismo. Sinal diso era tamén que sempre escribiu os seus textos literarios e xornalísticos en cas-

---

[15] «Las 'Irmandades da Fala', de Galicia», *Teo*, VIII:92, 15.12.1917; A. Vilanova Rodríguez, *Los gallegos…*, *op. cit.*, vol. 2, p. 982; X. M. Núñez Seixas (1992): *O galeguismo en América, 1879-1936*, Sada, Ed. do Castro, pp. 97-104; «Galicia en América. 'A Terra'», *La Región*, 29.09.1917.

[16] X. M. Núñez Seixas: *O galeguismo…, op. cit.*, pp. 120-122.

telán, coma outros autores teatrais que revestían o costumismo das súas obras cunha crítica social aceda e con certas simpatías polo agrarismo galego. Abofé simpatizaba coa lira rebelde do poeta republicano do Rexurdimento Manuel Curros Enríquez, falecido na Habana uns anos denantes, a quen presentaba nun gabancioso artigo en marzo de 1916 como un autor dotado da «altivez revolucionaria de un superhombre», que salientaría no Parnaso galaico por riba dunha pléiade de «vates plañideros y escritores quejumbrosos»[17]. Mais, a diferenza do seu admirado Curros, Sánchez Abal xamais usou o galego para a poesía, nin para o teatro, e aínda menos para a prosa, fóra do uso diglósico dalgúns modismos postos na boca dos seus personaxes.

Non era na altura un comportamento excepcional. Como boa parte dos seus compañeiros de xeración, Sánchez Abal compartillaba unha valoración entre folclorista e tradicional do idioma galego. Aquel mesmo ano 1916 varios notábeis e intelectuais da colectividade galega proxectaban fundar unha compañía que representase con regularidade funcións de teatro exclusivamente en galego nalgún dos grandes teatros da capital arxentina. Porén, no seu repertorio incluían maioritariamente obras en español. No elenco de autores figuraban Ramón M.ª del Valle-Inclán e Manuel Linares Rivas, un dos autores galegos en castelán máis representados na colectividade galega de Bos Aires, ademais do propio Sánchez Abal[18]. De feito, da autoría deste último é a peza *La Retirada,* estreada en 1914 e escrita conxuntamente co xornalista e escritor boirense Ramón Fernández Mato, residente en Bos Aires entre 1914 e 1915, a quen quizais tamén coñecera dos tempos ourensáns de *El Miño* e estaba vencellado así mesmo ao movemento agrarista. No ano 1916 Sánchez Abal estreou o diálogo cómico «de actualidade» titulado *Los pacifistas,* anunciado xa nun festival celebrado no

---

[17] L. Sánchez Abal: «Nuestro poeta. Manuel Curros Enríquez», *El Eco de Teo*, I:2, 10.04.1916.

[18] Novas sobre o proxecto en *El Eco de Teo*, I:1, 10.03.1916.

Orfeón Coruñés e promovido por varias sociedades de instrución na honra de Xulio Díez Miranda[19]. Infelizmente, de ambas as dúas pezas só coñecemos o título.

II

Na coidada segunda etapa da revista agrario-rexionalista *Suevia* durante o primeiro trimestre de 1916, tamén dirixida por Xaquín Pesqueira e na que o elenco de colaboradores era moi semellante ao de tres anos atrás, xa non se atopaba a sinatura de Sánchez Abal. Alén de posíbeis desavinzas persoais, a súa progresiva perda de interese polo agrarismo galaico, polo incipiente galeguismo político e polas iniciativas societarias que se desenvolverían na colectividade inmigrada de Bos Aires entre os finais da segunda década e os comezos da terceira década do século xx tamén tiña outra razón. O novo inmigrante mudara de escala e integrábase de maneira progresiva nos chanzos inferiores da elite sociopolítica e cultural arxentina.

Dende comezos de 1917 Sánchez Abal conseguiu dar o pleno salto ao ámbito do xornalismo arxentino e pasou a desempeñar a secretaría de redacción da *Revista del Plata*. Tamén gabeou algunhas posicións na escala social, para o que quizais non foi alleo un bo casamento. En febreiro dese ano desposou a coruñesa —nativa ou de orixe— Gloria Barcia Mateo, e oficiou de padriño da cerimonia nupcial o presidente do Centro Galego en representación do embaixador na altura da Arxentina en España, Marco M. de Avellaneda[20], a quen adicara un ditirámbico soneto catro anos denantes. Nese poema saudaba a fraternidade hispano-arxentina en tons propios do hispanoamericanismo rexeneracionista do tempo, vendo en Avellaneda unha sorte de apóstolo do reencontro entre dúas nacións[21]. Era unha mostra

---

[19] *El Eco de Teo*, I:3, 10.05.1916; «Galicia en el Plata», *Suevia*, 6, 18.03.1916.

[20] Segundo informaban *Gaceta de Galicia*, 13.01.1917, e *La Región*, 22.02.1917.

[21] L. Sánchez [Abal]: «La Argentina», *La Región*, 17.12.1913.

de que o noivo xa desfrutaba de certo predicamento na colectividade galega e española, mais tamén na sociedade arxentina, e así mesmo da súa certa proclividade a poñer a súa pluma ao servizo de grandes personalidades políticas.

Cadrando con iso, a sinatura de Sánchez Abal practicamente desapareceu da prensa da colectividade galega, aínda que as súas obras e diálogos teatrais seguiron a representarse durante algún tempo nos festivais das asociacións galaicas de Bos Aires. A maiores, tronzou boa parte dos seus elos coa colectividade inmigrante. Con todo, a finais dos anos vinte participou na delegación porteña da elitista Unión Iberoamericana, inaugurada coa presenza dos principais xornalistas e notábeis da colectividade inmigrada española e mais do propio embaixador de España[22].

Sánchez Abal non só accedera aos medios do xornalismo arxentino, senón que deixaría atrás o que outro escritor e xornalista ourensán algo máis novo que inmigrara á Arxentina en 1919, Eduardo Blanco-Amor, chamaría anos despois con retranca o mundo dos «periodiquillos regionales». Era un camiño que tamén seguira Pesqueira, cando se incorporou a *La Nación*. Ademais, comprometeuse de xeito proactivo e ata a súa morte na vida política do país de acollida, como *plumilla* ao servizo de caudillos. Sumouse así con entusiasmo militante á Unión Cívica Radical (UCR), organización á que foi fiel cando menos ata os anos trinta. Nomeadamente, ao círculo de maior confianza do seu carismático dirixente nas décadas de 1910 e 1920, Hipólito Yrigoyen, rendendo culto á súa figura con claros sinais populistas[23]. Nalgún intre, quizais xa durante o primeiro período de goberno de Yrigoyen (outubro de 1916-outubro de 1922), Sánchez Abal asumiu o posto de secretario persoal do presidente. É dubidoso que a súa posición desfrutase dun recoñecemento institucional na Casa Rosada; máis ben a súa función sería in-

---

[22] *Revista de las Españas*, IV:39-40 (1929), p. 498.

[23] En xuño de 1928, por exemplo, Sánchez Abal foi un dos asistentes ao xantar de homenaxe dispensado ao senador radical pola provincia de Tucumán e médico persoal de Yrigoyen, Antonio Agudo Ávila: cf. *Correo de Galicia*, 21.06.1928.

formal e privada. Con todo, logo da fin do primeiro mandato do caudillo radical, continuou a operar como o seu secretario persoal mentres estaba na oposición ao sucesor na presidencia, Marcelo Torcuato de Alvear, tamén pertencente á UCR mais crecentemente enfrontado con Yrigoyen. Alvear lideraba a fracción *antipersonalista* do radicalismo, crearía máis tarde o seu propio partido e tería unha evolución autónoma durante a década de 1930[24].

Sánchez Abal mantivo unha forte devoción política e persoal cara ao caudillo radical ata a súa morte en xullo de 1933. Estivo probabelmente máis motivada pola súa fe nos líderes carismáticos que na súa comuñón cos postulados democráticos e de reforma social do radicalismo arxentino. O xornalista ourensán semellaba trasladar á figura de Yrigoyen a súa pasada admiración polo seu conterráneo Basilio Álvarez. Desta maneira, en xullo de 1929 Sánchez Abal declaraba nunha entrevista á revista *Mundo Gráfico* que Yrigoyen era «hoy por hoy, honestamente hablando, la figura de estadista más completo de Sudamerica y puede servir de modelo en Europa», ademais de «un austero de la cosa pública, un apóstol de la democracia», dotado dunha «visión profética del porvenir» e un criterio humano «elevado y patriota»[25].

Entre 1922 e 1933 e de maneira paralela, Sánchez Abal colaborou na redacción de varios xornais de combate —en realidade, órganos partidarios cun forte nesgo panfletario— e revistas vencelladas de maneira directa ou indirecta á facción *personalista* (yrigoyenista) da UCR. Desempeñou así, primei-

---

[24] Entre a abondosa bibliografía, cf. R. Etchepareborda (ed.) (1983): *Hipólito Yrigoyen, pueblo y gobierno*, Bos Aires, CEAL, 2 vols. Para o contexto cf., entre outros, o clásico D. Rock (1997): *El radicalismo argentino, 1880-1930*, Bos Aires, Amorrortu, [Cambridge, 1977], así como C. Piñeiro Iñíguez (2021): *Alvearismo y justismo. La fractura política en los años 30*, Bos Aires, Prometeo, e F. D. Ragno (2017): *Liberale o populista? Il radicalismo argentino (1930-1943)*, Boloña, Il Mulino.

[25] Cf. «Retratos de actualidad» e «Yrigoyen, el gran presidente de los argentinos. Características de su vida y de su obra», *Mundo Gráfico*, 31.07.1929.

XOSÉ M. NÚÑEZ SEIXAS E RUY FARÍAS IGLESIAS

ro, a dirección —malia non figurar en ningures a composición da redacción— de *Voz Nacional,* xornal fundado en 1927, e un ano despois asumiu a subdirección do xornal *La Calle,* creado en xaneiro de 1928 como apoio da campaña yrigoyenista aos comicios presidenciais de abril daquel ano e que despois tería continuidade. Dende ambos os dous voceiros, Sánchez Abal levou a cabo un labor de exaltación afervoada e mesmo ditirámbica da figura de Yrigoyen como líder carismático e populista. Os trazos eran en parte semellantes aos que atribuíra quince anos denantes a Basilio Álvarez: poder de convicción, cultura, honestidade, incansábel no traballo e firmeza nas conviccións democráticas; mais agora estaban dobrados de calidades humanas como o atractivo físico, a virilidade lanzal, a sobria elegancia, a cortesía «subyugante, cautivadora», a temperanza e a capacidade comunicativa, patente na súa ollada, o seu acenar coas mans e a súa conversa mentres paseaba, «como los filósofos de la escuela socrática»[26]. Con todo, o subdirector de *La Calle* tamén salientaba daquela no xornalismo arxentino, como xa fixera nas súas obras de temática galega, polo seu «temperamento movedizo e irónico», segundo a revista *La Literatura Argentina*[27].

Uns anos máis tarde Sánchez Abal asumiu a secretaría de redacción do xornal *Tribuna Libre*, fundado en 1931 para tentar reconstituír o radicalismo logo do golpe de Estado do xeneral José Félix Uriburu o ano anterior e que sería clausurado varias veces polas novas autoridades. É quizais ese o motivo polo que o trazo do xornalista ourensán se eslúe durante a década de 1930. Porén, cando menos no que fai ao seu rol de xornalista, reemerxería na convulsa década seguinte. Na altura de 1943 o

---

[26] Cf. L. Sánchez Abal: «Hipólito Irigoyen, apóstol de la democracia. Rasgos fisionómicos y morales», *Voz Nacional*, 28.05.1927; moi semellantes argumentos, aínda que acrecentados, en id., «Hipólito Yrigoyen, apóstol de la democracia», *La Calle*, 24.03.1928.

[27] Cf. *Galicia Nueva*, 10.07.1927, *La Región*, 13.07.1927, e *La Literatura Argentina. Revista Bibliográfica*, I:6 (febreiro de 1929), p. 18; *Correo de Galicia*, 15.01.1929.

xornal *La Época*, que fora unha publicación tipicamente oficialista durante as presidencias radicais de 1916 a 1930 —e marcadamente yrigoyenista durante o goberno de Alvear—, converteuse agora nun medio pseudooficialista, logo do golpe de Estado de xuño daquel ano, que instaurou unha ditadura de tres anos, a chamada Revolución de 1943. O director de *La Época*, o radical yrigoyenista Eduardo Colom, uniuse daquela ao nacente peronismo e alentou o labor do entón coronel Juan Domingo Perón na Secretaría de Traballo e Previsión. Sánchez Abal, pola súa banda, desempeñaba neses anos a subdirección do xornal.

Logo dos sucesos do 17 de outubro de 1945, cando unha gran mobilización obreira e sindical obtivo a liberdade do coronel Perón, detido uns días denantes, e deu lugar ao nacemento do peronismo como movemento de masas, *La Época* foi un dos escasos medios gráficos que apoiaron a coalición peronista nas eleccións que tiveron lugar o 24 de febreiro do ano seguinte. Após o triunfo de Perón, esa identificación enforteceuse. Durante as súas dúas primeiras presidencias (1946-1955), de feito, *La Época* púxose plenamente ao servizo do proxecto político peronista. No entanto, ese aliñamento non evitou que Eduardo Colom recibise presións gobernamentais para ceder a dirección do xornal. En 1951 o Goberno peronista creou unha empresa xornalística de magnitude, ALEA, da que fixeron parte periódicos e revistas editados en Bos Aires e no interior do país, así como axencias de noticias e radiodifusión, co obxectivo de soster as accións de goberno, estender os seus postulados no corpo social e, sobre todo, construír o liderado carismático de Perón e da súa dona, Eva Duarte (*Evita*). Aquel mesmo ano, Colom foi obrigado a claudicar e *La Época* pasou a facer parte do grupo ALEA. Foi nese intre cando a dirección do xornal recaeu no xa veterano Luis Sánchez Abal, quen probabelmente seguiu o vieiro doutros radicais yrigoyenistas ou alvearistas e se sumou ao peronismo[28]. Non deixaba de ser significativo que o antigo valedor de Yrigoyen se mantivese á fronte da publicación —xa completamente oficialista— ata a caída de Perón en 1955, nun período de marcada radicalización e polarización política da Arxentina[29]. Quizais porque vía no novo caudillo unha continuación e sublimación das calidades que denantes apreciara en líderes populistas de xinea diversa, como Basilio Álvarez e Yrigoyen.

Entrementres, Galicia ficara xa nun segundo plano nas preocupacións do xornalista de combate. De feito, só consta un único retorno de Sánchez Abal ao seu país de orixe, grazas a que o presidente Yrigoyen, que accedeu ao seu segundo mandato en 1928, o nomeou secretario da delegación da Arxentina na Exposición Iberoamericana de Sevilla e na Exposición Universal de Barcelona de 1929. Emprendeu entón unha longa viaxe á Península Ibérica. Pasou polo seu Ourense natal en setembro de 1929, onde recibiu algunhas homenaxes dos seus compañeiros de promoción e amigos da infancia. Era parte dun periplo que o levou cara a Madrid, Barcelona e Sevilla, sedes das exposicións[30]. Logo da súa clausura, retornou ao Río da Prata en decembro de 1929 e alí permaneceu durante case tres décadas[31], ata o seu falecemento o 20 de xuño de 1957.

Luis Sánchez Abal foi inhumado no cemiterio de Avellaneda, concello limítrofe coa capital arxentina, de forte presenza galaica

---

[28] Cf. H. Gambini (2016): *Historia del Peronismo. El poder total (1943-1951)*, Bos Aires, Ediciones B, pp. 562-563.

[29] L. Giacobone (2019): «Una tribuna en la tormenta. El periódico *Tribuna Libre* en la década del treinta», en *I Jornadas sobre políticas editoriales en la Argentina*, Bos Aires, Biblioteca Nacional, pp. 82-93. Os datos sobre a participación de Sánchez Abal na prensa partidaria foron ampliados grazas á xenerosidade de Edith Gallo e Leandro Giacobone (Biblioteca y Archivo Histórico de la Unión Cívica Radical), Diego Barovero (Instituto Nacional Yrigoyeniano) e Darío Pulfer (Centro de Documentación e Investigación acerca del Peronismo, Universidad Nacional de San Martín).

[30] Cf. *El Progreso*, 13.09.1929, *La Zarpa*, 14.09.1929, e *La Región*, 16.09.1929.

[31] «Fiesta en honor de un periodista argentino», *Mundo Gráfico*, 18.12.1929.

e onde quizabes el mesmo moraba. Ningún xornal se fixo eco da súa morte en Galicia, mostra de que a súa memoria xa se esvaera no seu país de orixe, onde logo da súa última visita todo mudara.

III

Malia afastarse da colectividade galega e centrarse no xornalismo ao servizo do yrigoyenismo, Luis Sánchez Abal seguiu a cultivar a súa vocación literaria, sobre todo no eido da poesía, mais tamén da novela breve ou de folletín. Seguiu a escribir de maneira ocasional versos máis ou menos intimistas, de temática amorosa con abertas referencias sexuais, ou de certa crítica social, esparexidos en diversos órganos arxentinos e galegos[32]. Unha recompilación de varias desas poesías xa foi publicada en 1919[33]. Na década de 1920 tamén viron a luz poemas da súa autoría en diversas tribunas, incluído o órgano anarquista *La Protesta,* quizais porque neles se podía albiscar certa crítica social. Así, no seu soneto adicado á céntrica rúa Florida da urbe porteña pasaba revista aos diversos personaxes de todo xénero que paseaban fachendeando da súa posición e riquezas; pois nesa rúa de «gentes ociosas», onde «todo se exhibe, mujeres, hombres, cosas» e «más inhumanas son las distancias sociales», renderíase culto ao «áureo becerro del millón», mentres «sobra fantasía y falta corazón». Esa aceda crítica do materialismo e da fachenda social das camadas burguesas e pequenoburguesas, incluíndo moitos inmigrantes acomodados, ecoaría tamén na súa prosa[34].

Interésannos aquí dúas obras en que Sánchez Abal levou a cabo un retrato corrosivo e crítico asemade dos inmigrantes galegos en Bos Aires e os seus costumes e marcos asociativos. Advertíanse nelas, ademais, algúns elementos autobiográficos de

---

[32] Cf., por exemplo, L. Sánchez Abal: «Bajo relieve», *El Diario de Pontevedra*, 28.08.1919.

[33] L. Sánchez Abal (1919): *Versos de amor y de piedad*, Bos Aires, s. ed.

[34] L. Sánchez Abal: «Florida», *La Protesta. Suplemento Semanal*, III:138, 8.09.1924.

maneira máis ou menos explícita. Trátase dos relatos ou novelas breves *Unos años de emigración en Buenos Aires* (1917) e *Carne de aventura* (1921), encadrábeis no xénero da novela de quiosco ou folletín. En ambas as dúas obras, a retranca e o estilo sardónico de Sánchez Abal combinábanse coa querenza pola descrición dos praceres mundanos e algúns tons pseudoeróticos, propios tamén da novela folletinesca, ademais dunha visión crítica e tendencialmente elitista do conxunto dos inmigrantes. Reflectía así mesmo nesas obras varios dos estereotipos en voga entre a elite da colectividade galaica, integrada por xentes do comercio e da industria, intelectuais e xornalistas, verbo do que se podería considerar a «masa inmigrante», as vagas de galegos e galegas que estaban a chegar á Arxentina na segunda e terceira décadas do século xx, na súa maioría labregos de orixe e cunha cualificación e alfabetización baixas ou limitadas.

Como reflectían outros testemuños da elite inmigrante galega en Bos Aires dende a década de 1890, a ollada paternalista cara aos inmigrantes comúns adoitaba revestirse de certa displicencia e mesmo desprezo. Obedecía esa actitude abofé a un reflexo defensivo. Temíase que a imaxe de Galicia e España que transmitían as novas camadas de inmigrantes contribuiría ao desprestixio da patria afastada, mais tamén á falla de aprecio por parte da sociedade arxentina da colectividade inmigrante e das súas elites que triunfaran no mundo do comercio, da industria, da cultura e das profesións liberais. Mentres nos periódicos e na publicística da colectividade se tendía a enxalzar os inmigrantes de éxito económico e mais os intelectuais, profesionais e xornalistas, laiábanse así mesmo da pobre imaxe que de Galicia e España estarían a reflectir as festas, asociacións e manifestacións comunitarias dos inmigrantes galegos na capital arxentina. Un tecido asociativo ao que o propio Sánchez Abal aínda estaba vencellado e en cuxa prensa dera os seus primeiros pasos profesionais, cando menos ata 1917[35].

---

[35] X. M. Núñez Seixas (2024): *Os inmigrantes imaxinados. A identidade galega na Arxentina (1780-1960)*, Vigo, Galaxia, pp. 206-221.

Porén, e como demostrou tamén coa súa irónica pluma en clave literaria, Sánchez Abal incidiría nunha serie de tres artigos publicados en *Correo de Galicia* a finais de 1919 na crítica da atomización de esforzos que protagonizaban as ducias de asociacións locais. Gababa abofé os seus bos propósitos e a súa obra, mais consideraba que estragaban enerxías en financiar escolas, obras públicas e iniciativas redentoras nas súas freguesías de orixe, no canto de agrupárense nunha única e forte asociación que exercese un labor benéfico coordinado en Galicia, se erguese en representante do bo nome da colectividade galega de Bos Aires, e reivindicase os seus dereitos e intereses tanto perante as autoridades e a opinión pública arxentinas como diante do Goberno español. Só a vaidade persoal e as aspiracións de pequenos dirixentes con devezos de mando aniñarían na profusión de sociedades microterritoriais.

Para combater esa tacha, Sánchez Abal apoiaba o proxecto da constitución da Casa de Galicia, na que participaban varios dos seus compañeiros de andaina da Asociación Coral Gallega e da Asociación Rexionalista A Terra, e identificábase —quizais era socio el mesmo— cos seus enunciados propósitos de rexionalismo, cultura e recreo, que poderían verse complementados cos de socorro mutuo e beneficencia[36]. A maiores, propuña a fusión do Centro Galego (creado en 1907) e da Casa de Galicia (fundada en 1919), asumindo as funcións mutualistas e benéficas do primeiro, e mais as instrutivas e culturais da segunda, que se unirían á representación informal dos intereses da colectividade. Esa fusión, afirmaba, sería máis útil que «pequeñas agrupaciones de finalidad microscópica» cuxos esforzos se vían compensados «con el éxito de una fiesta por el mes de Santiago o con un ciclo de conferencias para honor y gloria de los disertantes». Unha única e podente asociación exercería, pola contra, un efecto centrípeto e atraería ao seu seo o resto

---

[36] L. Sánchez Abal: «En la colectividad gallega. El mal de la vanidad», *Correo de Galicia*, 16.11.1919. Para o contexto, cf. X. M. Núñez Seixas: *O galeguismo...*, *op. cit.*, pp. 122-126.

de entidades galegas[37]. Malia o certo debate que se suscitou na prensa da colectividade galaica, a realidade foi que as propostas de Sánchez Abal non provocaron a reacción que agardaba. Quizais desencantado, e ocupado nos seus labores políticos e xornalísticos na esfera pública arxentina, o seu afastamento da vida societaria galaica de Bos Aires foi xa irremediábel.

A primeira das obras en prosa, *Unos años de emigración en Buenos Aires,* publicada a finais de 1917, é un libro singular polo seu ton corrosivo, cínico ás veces. A crítica social e a sátira política ían da man dunha certa irreverencia en materia sexual. Moi probabelmente tiña orixe nunha primeira obra que fora anunciada xa en outubro de 1916 nas páxinas de *El Eco de Teo,* como «libro de prosas que se refiere a la vida de los emigrantes» cun título diferente, *Aventando vidas.* Contaría cun epílogo de Basilio Álvarez e precedería a novela un limiar do xornalista Manuel Lustres Rivas, tamén vencellado ao agrarismo basilista, que acompañara o líder supremo do movemento na súa viaxe ao país austral o ano anterior.

Quizais porque nin o crego de Beiro nin Lustres Rivas enviaron os seus textos, ou talvez por esvaerse a fascinación primixenia do autor por Basilio Álvarez, ao final a novela saíu do prelo con outro título, *Unos años de emigración en Buenos Aires,* e contou cun único limiar do influente xornalista madrileño Justo S. López de Gomara, inmigrado en 1880 e director de *El Diario Español* de Bos Aires. Escrito en tons melosos, suxería porén o prologuista, por debaixo da faramalla de gabanzas, que a obra viña da pluma dun escritor novel e formado no xornalismo de combate, de carácter un tanto irreverente. Por iso, recoñecía, cumpriría desculparlle «algún exceso de irónica severidad» cando describía os bailes das sociedades de instrución, amais dalgún «detalle inverosímil» propio da súa «imaginación juve-

---

[37] L. Sánchez Abal: «En la colectividad gallega. Funsión [*sic*] necesaria», *Correo de Galicia*, 23.11.1919; id.: «En la colectividad gallega. Aclaraciones», *Correo de Galicia*, 30.11.1919.

nil»[38]. Era sen dúbida unha referencia á narración de aventuras amorosas e mais a un inmigrante italiano; mais tamén unha mostra das reservas da elite da colectividade española perante as ousadías satíricas dos autores máis novos.

O propio Sánchez Abal remitiu vinte exemplares do libro, probabelmente unha edición paga por el mesmo, ao Centro Galego de Bos Aires para que se vendesen na libraría da institución. O boletín do centro recomendou a obra durante máis dun ano, mostra de que aínda non se esgotara[39]. Iso suxería que a novela non acadara o éxito desexado, nin sequera no seo da colectividade galaica, na que outros autores contemporáneos —como Roxelio Rodríguez Díaz ou José Costa Figueiras— obterían meirande predicamento. Quizabes pola súa posterior e intensa adicación ao xornalismo de combate na política arxentina, Sánchez Abal non chegou a dar ao prelo as tres obras que en 1917 anunciaba como «próxima a publicarse»: *La Cruel,* novela «de lujuria y perversión»; e «en preparación», *Corazón y nervios,* definida como «novela de emigrantes», e mais a novela *La Casa de Pensión.*

No entanto, as súas anunciadas obras *Corazón y nervios* en 1917 e quizais *La Casa de Pensión* moi probabelmente constituíron o xermolo da que daría ao prelo catro anos despois, co título *Carne de aventura* (1921), publicada dentro da popular colección de novela de quiosco La Novela Nacional. Nesa obra, Sánchez Abal volvía incidir con trazos sardónicos na vida dos inmigrantes comúns, afastándose da retórica doutros escritores galegos que trataban do tema. Expresaba unha visión aceda e tendencialmente pesimista da inmigración galega na Arxentina, enxergada como unha experiencia que baleiraba as persoas de toda bondade moral e as tornaba en avarentas perseguidoras do véларo de ouro da riqueza. Caricaturizaba así os novos ricos

---

[38] J. S. López de Gomara (1917): «Impresiones del primer lector de este libro», en L. Sánchez Abal, *Unos años de emigración en Buenos Aires*, Bos Aires, Talleres Gráficos de L. J. Rosso y Cía., pp. 5-9.

[39] *Boletín Oficial del Centro Gallego*, 61 (xaneiro de 1918) e 62 (febreiro de 1918).

Xosé M. Núñez Seixas e Ruy Farías Iglesias

da inmigración que comezaran como criados e se estabeleceran despois como exitosos comerciantes, cuxos cartos foran amasados sobre a base da autoexplotación e da avaricia desmedida, e que ao rematar as súas vidas pouco deixaban digno de ser lembrado.

O argumento de *Carne de aventura* describía a ascensión social de Cristóbulo Veiras e da súa dona, Serafina, dous inmigrantes aldeáns que fixeron fortuna en Bos Aires grazas a enganar primeiro o seu patrón. Despois, cos seus aforros puideron fundar unha fonda e casa de comidas, onde repañaban o derradeiro peso á custa da inxenuidade dos clientes, aos que lles servían pratos con ingredientes en mal estado, camuflados entre mollos e especias. Máis tarde, xa anciáns, Cristóbulo e Serafina retornaban a Galicia, convertíanse en fachendosos indianos e adoptaban unha aparente fasquía republicana e laica. Porén, fondamente desenganados pola desfavorábel acollida dos seus paisanos, resolveron voltar á Arxentina na fin das súas vidas, sen deixaren herdeiros nin trazo póstumo das súas tristeiras existencias. Unha vida, concluía o autor, indigna de ser vivida[40].

IV

Se *Carne de aventura* presentaba un retrato realista e conmiserativo dunha parella de inmigrantes con poucos escrúpulos, en *Unos años de emigración en Buenos Aires* o autor recreaba a biografía dun *plumilla* inmigrante que, logo de varias andainas na capital arxentina, retornaba desencantado, mais cun novo e rexo carácter forxado pola experiencia vital, á súa Galicia natal. Na obra pódense rastrexar claras referencias autobiográficas, non sempre explícitas. Sánchez Abal escolle para iso un álter ego inequivocamente ourensán (polo topónimo que converte en apelido), Aurelio Monterrey. Trátase dun «joven instruido, ambicioso e inquieto», con inquedanzas republicanas e mesmo socialistas, que degoxaba fuxir do aburrimento «de la monotonía provin-

---

[40] L. Sánchez Abal (1921): *Carne de aventura*, Bos Aires, Novela Nacional (11, 11.01.1921).

ciana» que o condenaba a unha vida entre «señoritos pobres, horteras presumidos y políticos holgazanes». Logo de poñer o seu talento ao servizo dun xornal propiedade dun deputado provincial —alusión quizais á propia experiencia de Sánchez Abal en *El Miño* ou *El Eco de Orense*— e de aprobar unhas oposicións a funcionario do Ministerio de Facenda, sempre co risco de ficar cesante cando caese o goberno do momento, Aurelio desbotou primeiro a idea de emigrar a Madrid. Na decisión influían os seus «diez y nueve años cumplidos y su próximo ingreso al servicio del rey»: o seu desexo de evitar o servizo militar en tempos de guerra en Marrocos, como tantos coetáneos. A carta de chamada duns tíos seus xa residentes na Arxentina, ademais do exemplo exitoso dun indiano coñecido da súa familia, e o feito de que a súa namorada, Marcela, tamén emigraría ao país austral decidírono a poñer rumbo para Bos Aires. De nada valeron os rogos do seu pai, un «comerciante acomodado y catolicísimo varón» —ecoaba aquí no autor a lembranza do devoto crente que era o seu propio proxenitor—, para que non partise.

Sánchez Abal, admirador confeso das novelas eróticas máis ou menos coetáneas de Eduardo Zamacois e Felipe Trigo, tiña unha certa querenza tanto na prosa como nos seus versos pola irreverencia sexual e as suxestións eróticas, que exhibe con fachenda. O seu álter ego non só describe as súas aventuras galantes, senón que tamén recoñece sen pudor a súa afección aos lupanares e os baixos fondos. Unha vez embarcado, Aurelio Monterrey gasta os diñeiros que o seu pai lle dera en tabaco, ademais de en prostitutas («excursiones galantes») en Río de Xaneiro e en xogos de cartas con resultados pouco favorábeis para a súa carteira. Cando arriba ao porto de Bos Aires, recólleno os seus tíos, cuxa conversa o aburre decontado. As súas primeiras impresións da metrópole atlántica cínguense á exuberante beleza das mulleres que vía pola rúa. Mais de entrada cumpría traballar.

A recomendación do seu tío fai posíbel que Aurelio ocupe un posto de dependente nunha casa importadora de tecidos, destino habitual de moitos inmigrantes galegos con certa formación. Aparca así as súas inquedanzas literarias por un tempo, ao sumarse «al gremio de horteras, con el empleo de auxiliar de escritorio». Traballa duro e arreo, e o seu primeiro soldo semella cumprir as súas expectativas. Secasí, axiña pode constatar que os antros porteños onde vai de troula cos seus amigos na procura de viño e mulleres son ben máis caros que os que frecuentara na súa cidade natal. Xa que logo, os cartos gañados esváense en pouco tempo. A maiores, unha ollada ás diversas categorías profesionais e salariais que ocupan os inmigrantes máis vellos do comercio onde traballa —escribentes, contábeis, viaxantes…— convénceo de que o seu futuro non vai ser tan gasalleiro como imaxinaba ao emigrar. No mellor dos casos, o seu porvir «se limitaría a envejecer, copiando cartas, y percibiendo ciento noventa pesos». Un destino que non se corresponde co seu particular soño de facer as Américas no mundo literario.

Se Aurelio pretende aforrar diñeiro, acepta resignado que a oferta cultural máis accesíbel son as celebracións das sociedades galegas. Recrea así o ambiente dunha festa organizada por unha sociedade local ou de instrución para recadar fondos con destino ás escolas e obras públicas que aquela sostiña en Galicia. O protagonista do relato fai un retrato irónico, mesmo corrosivo e sórdido, do ambiente do baile do sábado na sociedade de inmigrantes. Asiste de entrada a un «programa inverosímil, en el que figuraban poetas chirles, cantantes pésimos y artistas incipientes», que só provocan as gargalladas da concorrencia. Após unha representación amadora dun drama social do coñecido autor español Joaquín Dicenta (*Juan José*), Monterrey escoita a palestra dun orador, presumibelmente un líder societario de orientación republicana, socialista ou agrarista, que procede a «ensalzar las virtudes del proletariado, con tan poca habilidad, que, habiendo una mayoría de menestrales y sirvientas [...] un concierto de risitas mal disimuladas y toses sospechosas le advirtió del poco éxito de sus palabras». Perante a pouca acollida do seu discurso, o orador muda de tema, sen colleitar maior aceptación, pois dirixiu a súa crítica contra «todos los lugares comunes de la Historia de España» e nomeadamente o clero, «culpando de su decadencia presente a cuanto cura, fraile y monja vive por allá». Aínda que esa nova fase da «peroración zurrándole a todo lo que olía a iglesia fue muy aplaudida», o público impaciéntase perante a disertación do orador, que decidiu rematar a súa intervención cun estentóreo «¡Viva España!», seguido dunha grande ovación.

Mais aínda faltaba o baile, que para Sánchez Abal marca o intre cume do esperpento. Lonxe de calquera suxestión sensual ou artística, Aurelio presencia agora unha procesión de «figuras grotescas y forzados gestos con que aquella abigarrada multitud se entregaba a los valses, polkas, mazurcas y lanceros». Nese cadro salienta «el empaquetamiento estrafalario, la indumentaria desconcertante y la solemnidad aparatosa». A conclusión do novo inmigrante viña ser que, por debaixo da súa coiraza urbana, os inmigrantes non se desprendían da súa orixe rural e da súa incultura: «¡Qué poder extraordinario tenía América para conseguir transformación tal!». Dende a perspectiva de Sánchez Abal, as celebracións das asociacións locais eran un entretemento plebeo de labregos tan paifocos como fachendosos, que adquiriran só un superficial aire urbano. Iso facíase patente, de maneira expresiva, na descrición detallada dos seus avíos. Unha mestura de «hombres de smoking, pantalón a rayas y corbata chillona, y [...] mujeres de blusa verde, falda azul y peinados extraordinarios, recargadas de chafalonía y baratijas». Aqueles personaxes, reflexiona, malia a súa inocencia, bonhomía e inxenuidade, serían os auténticos responsábeis de que «la leyenda embaucadora del oro, ganado a manos llenas, continuase rodando por tierras de España y atrayendo a incautos».

Andando o tempo, Aurelio consegue un mellor traballo, mais ten de escoitar acotío dos seus colegas de oficina, criulos todos eles, rexoubas sobre España e os inmigrantes, pois podían enxergar o espectáculo dos bailes dos sábados e mais os ordenanzas e mozos de café galegos. A masa dos galegos na Arxentina sería para el un amoado conformado por personaxes como «un portero insolente, un ordenanza engreído y un zapatero con ribetes de literato». A expresión máis risíbel desa masa inmigrante, ademais das criadas (*mucamas*) e empregados que frecuentan os bailes societarios, sería un camareiro (*mozo*) de bar, Manoliño, tan pailán como fachendoso, que gosta de criticar a miseria que deixou atrás na súa aldea e ofrece unha imaxe negativa do país de orixe. Manoliño devén así nun símbolo dos milleiros de inmigrantes que fomentarían «con su estulticia el descrédito de España». Secasí, o desprezo revístese dun paternalismo conmiserativo:

> ¡Ah Manoliños torpes, que, con vuestros primos y primas, sois causa de esta diferencia de apreciaciones! [...]
> ¡Dios perdone a vuestra incultura el mal que causó a la Patria!
> ¡Y el que está causando![41].

Sánchez Abal comprendía ben o tristeiro destino duns inmigrantes arribados a América como adolescentes con poucas letras, que se deslombaran a traballar e que sucumbían ao vélaro de ouro da riqueza, adoito engaiolados por cartas de parentes e conveciños que contiñan «bellas o monstruosas mentiras». Salientaba na novela así un dos argumentos máis prezados para a elite arxentina do seu tempo, como amosaran varios autores e mesmo un inquérito do Museo Social Argentino en 1916[42]: que un país que precisaba braceiros, colonos e labregos para cultivar «tierras feracísimas» só recibía en troques moreas de «peritos mercantiles, profesores de caligrafía, músicos, señoritos sin carrera y palurdos que aspiran a mucamos y que quieren a toda costa quedarse en Buenos Aires, porque las comodidades son mayores». Mentres as colleitas ficaban sen recoller por falla de

---

[41] L. Sánchez Abal: *Unos* años…, *op. cit.*, p. 32.

[42] Cf. X. M. Núñez Seixas: *Os inmigrantes imaxinados…, op. cit.*, pp. 65-68.

brazos, na cidade milleiros de homes novos e fortes esmolaban polas rúas. Para Sánchez Abal, como para outros observadores locais, esa inmigración non contribuía realmente ao benestar e progreso arxentinos.

Fronte a eses «Manoliños» inmigrantes ergueríase a auténtica elite da colonia galega que Aurelio pode coñecer, pois comezara a enviar poemas e colaboracións a revistas e xornais, e consegue así atopar a outra faciana da colectividade. Unha elite «cuya cultura, prestigio e importancia» contribuíra a que «en las altas esferas de la política, de la cátedra y de la prensa, se rindiera culto de simpatía y afectuosidad a la nación iniciadora de la vida civilizada en estos países», sempre recuncando no argumento do carácter benigno da obra do imperio español nas Américas. Nas ringleiras desa elite figurarían antigos expatriados políticos agora respectábeis, dende Manuel Castro López a Manuel A. Bares, así como inmigrantes de éxito: «[H]ombres maduros de edad, escapados a la represalia del Estado español que trataran de derrocar; unos cuantos espíritus inteligentes y aventureros y algunos caracteres enérgicos y laboriosos». Institucións coma o Club Español, a Asociación Patriótica Española ou o Centro Galego realizarían para el unha obra positiva, e podía apreciar que «los hombres de mentalidad superior amaban a España y se sentían orgullosos de su origen hispano». Pola contra, como demostraría uns anos despois cos seus artigos en *Correo de Galicia*, as sociedades locais e de instrución ficaban fóra da súa ollada positiva.

Logo de perder parte dos seus aforros nunha frustrada aposta no hipódromo, Aurelio volve a un baile sabatino dunha sociedade galega. E alí redescobre a súa antiga moza en Galicia, Marcela, casada cun italiano maior que ela. Irrompe aquí un elemento colateral na visión das elites galegas: a caricatura do gran competidor na lideira pola hexemonía simbólica e no aprecio do país receptor, a colectividade italiana. Niso, Sánchez Abal compartillaba algúns trazos da corrosiva prosa doutro personaxe singular, o xornalista e novelista padronés de pasado anarquista e republicano na Arxentina Nicasio Pajares, pertencente a unha xeración anterior á súa[43]. A metalinguaxe de Sánchez Abal expresaba poucas simpatías polo transalpino home de Marcela: amais de «plebeyo», retrátao como «rechoncho y simiesco». Mais Marcela casara con el, malia ser «áspero» e «ordinario», por un só motivo: ter «algún dinero». A seguir, Aurelio e Marcela convértense en amantes, pois Marcela odia o seu home e desexa vingarse del, amais de experimentar paixón polo seu antigo mozo. Todo remata, no entanto, cando o italiano sospeita do engano e agride á súa dona, desfigúralle a cara con vitríolo e sentencia en pintoresca mestura de italiano e castelán (*cocoliche*): «E bueno, mía donna. Secate la lágrima. Il tuo corpo nada sufrió e como io solo aporto in casa por la note...».

Logo do episodio amoroso con fin traxicómica, Aurelio reencóntrase tamén cun antigo amigo, caído en desgraza e que anda a pedir esmola polas rúas de Bos Aires. Consegue grazas aos seus contactos na elite inmigrante que un gran propietario agrario, Jacinto Soto, asuma os custos da pasaxe de repatriación. Da súa conversa co exitoso inmigrante, Aurelio chega á conclusión de que a descuberta de América supuxo unha enorme sangría para España, que renunciou a domear Europa e a modernizarse, e sufriu ademais a partida de milleiros de «brazos y cerebros» que non fixeron no país natal «unha revolución necesaria para sanear nuestra vida política». No debate entre as interpretacións optimistas e pesimistas sobre os custos e beneficios da emigración para Galicia e España, o álter ego de Sánchez Abal colócase definitivamente no segundo bando. Contribúe a iso o seu reencontro nunha paseata nocturna pola rúa Florida —descrita en tons acres que logo inspirarían o seu xa amentado poema de 1924— coa filla do seu antigo caseiro galego nos seus primeiros meses en Bos Aires, Jacinta, que caera de maneira inevitábel na prostitución, engaiolada por un

---

[43] Cf. para máis detalles X. M. Núñez Seixas: *Os inmigrantes imaxinados…, op. cit.*, pp. 191-198.

proxeneta sen escrúpulos do que, porén, namorara, aceptando por iso o seu destino.

Todo o empurra agora a retornar. Aurelio, xa completamente desenganado da súa vida en Bos Aires, recibe unha carta da súa nai na que lle comunica o falecemento do seu pai. Talvez lembraba Sánchez Abal a recepción da nova da morte da súa propia nai, estando xa en Bos Aires, sen poder asistir ao seu funeral. Os ruxerruxes verbo da disoluta moral do seu fillo alén mar, que chegaran aos ouvidos paternos, consumiran ademais a súa saúde. Aurelio decide, daquela, retornar á súa vila natal para «demostrar, a los que de él murmuraban, que si no había reunido un capital, tampoco había enfangado su honra». Na viaxe de volta reflexiona sobre os anos da súa mocidade pasados en América, onde non amoreara cartos, mais si experiencias vitais e coñecementos do xénero humano, que agora empregaría —presuponse— na mellora social, política e económica do seu país de orixe.

Porén, mesmo se o balance que el facía da súa vida como inmigrante na capital arxentina non era positivo, Aurelio Monterrey non podía evitar certa saudade e melancolía ao enxergar na distancia, dende o transatlántico que se internaba no océano rumbo ao país de orixe, «la visión grandiosa y multiforme de Buenos Aires». Unha certa ambigüidade que resumía ben as experiencias de moitos galegos que, coma el, non atoparan fortuna nas Américas, mais si acugularan experiencias vitais nunha metrópole atlántica en expansión. Luis Sánchez Abal, a diferenza do seu álter ego literario, ficou no país que o acollera, quizais soñando sempre con volver. No seu seo tivo unha actuación significativa, aínda que non sobranceira nin decisiva, nos eidos xornalístico e político, primeiro na colectividade galega, e despois no radicalismo arxentino na súa facción yrigoyenista e populista, para rematar quizais entregado ao peronismo. Unha vida entre dúas patrias e tres líderes: Basilio Álvarez, Hipólito Yrigoyen e Juan Domingo Perón. Paradoxalmente, os seus amigos e correlixionarios galegos de mocidade tamén remataron como corifeos de ditaduras: o lonxevo López-Aydillo, que exerceu de profesor de Historia e afervoado antigaleguista nos anos trinta, apoiou despois o réxime franquista; e o igualmente lonxevo Fernández Mato, exiliado republicano dende 1939 en Cuba e Venezuela, acabou escribindo ao servizo de Leónidas Trujillo na República Dominicana, para voltar a España na década dos sesenta.

Luis Sánchez Abal

UNOS AÑOS DE EMIGRACIÓN EN BUENOS AIRES

FACSÍMILE

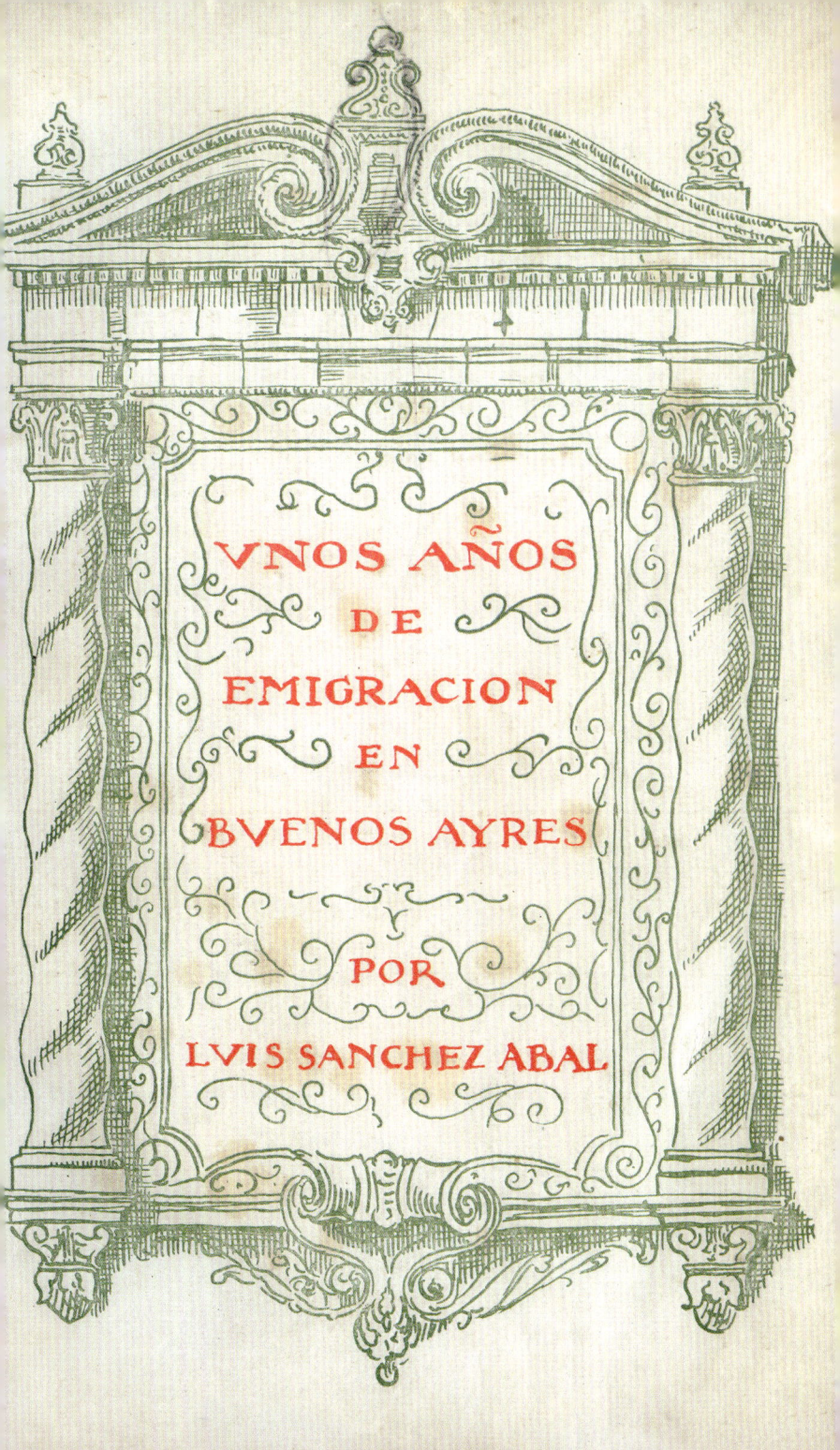

VNOS AÑOS
DE
EMIGRACION
EN
BVENOS AYRES

POR

LVIS SANCHEZ ABAL

UNOS AÑOS DE EMIGRACION

EN

BUENOS AIRES

POR

LUIS SANCHEZ ABAL

PRÓLOGO DE LOPEZ DE GOMARA

BUENOS AIRES
Talleres Gráficos de L. J. Rosso y Cía., Belgrano 475
1917

Para el Liceo Tremaso

Luis Sánchez

Al Excmo. señor

Doctor D. Marco M. Avellaneda

Primer Embajador de la República Argentina en España

Sin epítetos laudatorios, ya que menester de ellos no ha quien por su personal valer y propios méritos es loado, en homenaje de gratitud y afecto, os ofrendo este mi primer y desmedrado libro, lamentando que la pequeñez y pobreza de su prosa no respondan a los prestigios de vuestro nombre bajo el que se ampara,

Luis Sánchez Abal

IMPRESIONES DEL PRIMER LECTOR
DE ESTE LIBRO

Acabamos de leer los borradores y pensamos: He aquí el primer vagido de un novelista que nace a la vida del libro.

Grito fugaz pero que denuncia un aliento robusto; potencialidad para ser; fuerza para lograr.

Sánchez Abal se ha formado en el periodismo, como activo investigador de actualidades, y esa educación de su primera juventud, le ha dotado de agilidad y destreza que desbordan de sus cuartillas, como la mejor facultad para hacerlas amables.

Nada en ellas de pesadez y pretensiones. Fija sus impresiones con admirable nitidez y se preocupa muy poco de sugestionar a sus electores.

La abnegación del periodista que cumple su deber de informar, interesando, a sus lectores, sin tiempo para esperar siquiera su aprobación, porque le atraen otras tareas, la conserva en el libro, en que acumula estados de ánimo propios, hondamente sentidos, sinceramente reflejados que, a fuerza de ser verdad y vida, resultan perfecta instantánea de circunstancias y situaciones, que comprenden a toda esa juventud inteligente y resuelta que, como el autor, pugna por abrirse noblemente camino.

El del ideal elige el nuevo novelista, prefiriendo al comercio la literatura, y puesto que para ello tiene brillantes facultades creemos que hace bien, pues al fin y al cabo, preferible es sentirse hombre-capital, que hombre que del capital depende.

Quien no tiene sino su dinero, a merced está de la suerte que se lo haya deparado; pero él que lleva en sí mismo la fuerza productora, tiene asegurada su incólume valía sobre todas las contingencias de la fortuna.

Quien estas líneas escribe, con valer personalmente tan poco, ha llegado a las cúspides de la riqueza y ha soportado estoicamente los más ensañados rigores de la adversidad, y, sin embargo, ha sido siempre el mismo, conservando íntegra su modesta personalidad y su resuelta acción, que ha dejado siempre en término remoto el significado de su situación financiera.

Rico o pobre ha ocupado su puesto.

El escritor consciente de su obra y digno cultor de su credo, lleva siempre, intangible e inviolable, en el cerebro, la riqueza que los que sólo son "acaudalados" llevan en el bolsillo, expuesta a todas las asechanzas y fluctuaciones de la plaza.

Bien haya, pues, el nuevo "iluso" que en la edad juvenil, propicia para elegir un camino, prefiere el de sus aficiones intelectuales, al positivista del marchanteo pecuniario. Al fin y al cabo el trabajo honesto, por sí solo, no da en ninguno de sus aspectos sino para sostener humildemente el encanto de un hogar, la paz de una familia.

Los medios de consolidar la riqueza, según evidencia la documentación de la vida real, no son sino caricias de la suerte que desde todas partes pueden conquistarse, y que más fácilmente improvisa un acierto intelectual, que las tenaces, y no siempre inmaculadas, combinaciones de la codicia.

¿Que esa misma facilidad para el triunfo brillante lo hace efímero en nuestras manos, por la prodigalidad en que lo derrochan? ¡En buen hora sea!

Otros vendrán, y si no vienen basta al cerebro fuerte la confianza en sí mismo, para mantener su puesto en la vida y destellar desde la muerte un rastro luminoso.

Las obras de un escritor honran siempre su nombre; la fortuna del millonario, sirve las más veces para que deshonren el suyo, los herederos que burlan los sacrificios y anhelos de quien

imaginó inamovible el prestigio en el oro ci-
mentado.

Siga, pues, adelante el señor Sánchez Abal,
cultivando las facultades que revela de estima-
ble escritor.

Hoy su libro no es aun una novela, sino sim-
plemente un relato, porque no se detiene a des-
cribir ni analizar; pero son estas condiciones fá-
ciles de desenvolver en quien tiene acertada vi-
sión, comprensión rápida, imaginación despierta
y estilo propio y claro, y los años y el reposo
completarán en el señor Sánchez las facultades
de que hoy, más que carente, es sólo desdeñoso.

El fragmento de vida bonaerense que encie-
rran estas páginas, está formado con el más
pulcro verismo, sanos propósitos, nobles senti-
mentalismos y rectitud de fondo y forma que
recomiendan a su autor. Si en algún exceso de
irónica severidad incurre, al mencionar los tí-
picos bailes de las sociedades modestas, si algún
detalle inverosímil desliza su imaginación juve-
nil, son, más que defectos, maneras personales,
que no podríamos censurarle sin desconocer su
independencia, y que desaparecen bajo el méri-
to general de los apuntes, resaltante sobre todo
en notas tan sentidas y justicieras como la emo-
ción que produce la carta materna, y la indigna
intriga que determina el regreso al hogar, del
emigrante desengañado, con una sobriedad de

espontáneo y noble sentimiento, que basta por sí sola para revelar al futuro novelista.

Ese es mi leal parecer, honrándome en apadrinar el primer paso del señor Sánchez Abal, prologando su ensayo.

Justo S. López de Gomara.

Unos años de emigración en Buenos Aires

I

**En una provincia gallega, cuyo nombre
es lo de menos...**

La ciudad, apacible y antañona, no era campo propicio a las pretensiones de Aurelio Monterrey, joven instruido, ambicioso e inquieto, que leyera mucho y viajara poco.

Hastiado de la monotonía provinciana, se convenció de que su porvenir no estaba en aquel quietismo, imbécil y anodino, entre señoritos pobres, horteras presumidos y políticos holgazanes.

Su educación, sus conocimientos y aptitudes para escribir versos y trazar prosas, le daban derecho a mucho más que las tres pesetas diarias, jornal con que el señor diputado premiara su labor periodística en el órgano del partido.

Hacía dos años que lo nombraran escribiente del Ministerio de Hacienda.

Aquello no presentaba traza de mejorar; muy por el contrario, podía acontecer que cayera el Gabinete, a cuya política estaba uncido, y lo dejaran cesante.

Primeramente, pensó en irse a Madrid; otros

muchos, que así lo habían hecho, lograran abrir-
se camino, y eso que no valían tanto como él.
Desistió, sin embargo, de esto, recordando sus
diez y nueve años cumplidos y su próximo in-
greso al servicio del Rey.

No obstante su filiación liberal, Aurelio era
un republicano con ribetes de socialista; pensó,
pues, que para servir a Su Majestad, nadie me-
jor que los palaciegos, y se dispuso a eludir las
obligaciones que, a todo buen vasallo, señalan la
Constitución, la Gracia de Dios y demás peren-
dengues en que se apoya la Monarquía.

Un amigo, llegado de América con unos miles
de pesetas; las cariñosas cartas de unos tíos, que
hacían fortuna en Buenos Aires, y sus avances
amorosos con Marcela, una modistilla, guapetona
y escultural, que iba a la Argentina, llamada por
sus hermanos, acabaron de confirmar, en el áni-
mo descontento del mancebo, la resolución ter-
minante de salir a conocer mundo.

De nada sirvieron los consejos del padre, un
comerciante acomodado y catolicísimo varón, so-
cio de la Conferencia de San Vicente, miembro
de la Adoración Nocturna y Hermano de la
Orden Tercera.

El piadoso señor trataba de convencer a su
terco vástago de los peligros a que se vería ex-
puesta su alma por unas tierras que él creía irre-
ligiosas; pero ni estas ingenuas advertencias, ni
las abundantes lágrimas de la madre lo hicieron
retroceder en sus intenciones.

Aurelio era tardío en tomar una determina-
ción, pero inquebrantable, una vez decidido, y
aquella de ir a la América tuvo su epílogo el día
que, silenciosamente, sin despedirse de amigos y
compañeros, para evitar consejos y encargos, se
encontró a bordo de un transatlántico, rumbo a
las tierras de promisión.

II

De Vigo a Buenos Aires

Vigo, Tenerife, Río de Janeiro, Montevideo y Buenos Aires marcaron las diversas etapas de aquel precipitado viaje con que Monterrey pusiera fin a sus ansias de novedad, de vida y de aventura.

Largos fueron los días de navegación para el joven e inexperto emigrante. Ni la belleza de la coquetuela modistilla, ni los encantos de una travesía feliz y tranquila, lograron distraer de su ánimo el recuerdo de cuanto dejara en el viejo mundo y la inquietud de lo que podría ocurrirle en el nuevo.

Manirroto y despreocupado, gastó, durante el viaje, los cientos de pesetas que, al despedirlo, le entregara su padre. Unas cajas de cigarros en Tenerife; unas excursiones galantes en Río de Janeiro; y unas partidas de tresillo a bordo, bastaron a liquidar sus no muy abundantes recursos; lo que no le afectó, mayormente, pensando en sus tíos, que lo esperaban en el puerto.

Desembarcó satisfecho y jovial, quizás con alguna pena, al separarse de la agraciada Marcela, a la que recogieron sus deudos. El, por su parte, hubo de seguir a sus tíos, que fueron su Providencia.

Gracias a ellos, pudo entrar en Buenos Aires, holgadamente repantigado en un automóvil de alquiler, y no tuvo que rodar por hospedajes de moralidad dudosa y pensiones baratas·

A su paso por las concurridas calles de la gran urbe, pudo advertir que no impresionaba tan vivamente su ánimo la presencia enorme y trajinante de ésta, como el tránsito de algunas muje· res que veía. De buena gana hubiera descendido del auto para piropearlas y seguirlas, pero contenía sus impulsos la charla vulgar de los tíos, preguntándole por los que allá quedaran.

Además, un desasosiego, parecido al que experimentara, varias veces, momentos antes de rendir examen de alguna asignatura descuidada, se iba apoderando de su alma, a medida que se hundía en el tráfago ensordecedor y mareante de vehículos y transeuntes. Sin embargo, la ambición, que, en el fondo de todo emigrado prima sobre su actos y pensamientos, al pisar tierra de América, no se adueñara de sus ideas, y se encontraba tan bueno, tan tenorio y tan sensual, como en las callejuelas de la ciudad añeja y apacible, al acompañar a una costurera o mentir palabras de amor al pie de una señoril ventana.

III

Los encantos de la vida comercial

Después de unos días de necesario descanso, derrochados en recorrer calles y observar tipos y costumbes, Aurelio, gracias a una carta de recomendación, fué admitido en una fuerte casa importadora de tejidos.

Esto no quiere decir que conociese el valor de las medias, tampoco el de las camisetas, ni siquiera el de los pañuelos de las narices; pues, aun cuando el autor de sus accidentados días era comerciante, Aurelio estudió el bachillerato, y, si concurría a la tienda, era para pedir a su padre algún dinero para libros, y cuadernos, dinero que frecuentemente, invertía en alguna francachela con sus amigos, y, mozo ya, con espontáneas amigas.

Pero, como oyera que en América se hicieran las fortunas tras del mostrador, y su tío lo empujaba a esa rama de las humanas debilidades, dejó a un lado sus aptitudes literarias y su título de bachiller, y se sumó al gremio de horteras, con el empleo de auxiliar de escritorio.

Se trabajaba de firme, desde las ocho de la mañana a las siete de la tarde, sin otro descanso que hora y media para almorzar. Acostumbrado a la sanchopancesca tranquilidad de las oficinas españolas del Estado, no dejó de sorprenderle tanta labor, mas se conformó, pensando en la retribución. Y como no le señalaran sueldo, hasta conocer sus aptitudes, se afanó, esmeradamente, en ponerse al tanto de sus obligaciones.

El primer mes, que recibió sus honorarios, rebosaba de júbilo. Noventa pesos le entregó el cajero, y, sabedor de que sus compañeros entraran ganando setenta, sintióse satisfecho. Aquel dinero, el primero que recibía en su nueva vida de trabajo y abdicación, le pareció más valioso, más importante e inagotable que cuanto poseyera hasta la fecha.

Cierto que los pesos no eran tan relucientes y voluminosos, como los blancos duros españoles; indudablemente, los níqueles, no tenían la sonoridad y aspecto de las pesetas, pero, hasta en eso, creyó ver un detalle de la enormidad de América, donde el oro corre abundante y sin estrépitos, contenido en la sencillez de cifras estupendas y en papeles que cualquier neófito desdeñaría.

Unos amigos, cuya larga permanencia en Buenos Aires les daba patente de conocedores de los centros de placer, le invitaron a *ir de farra*.

Ambularon por los teatros alegres, por los cabarets de moda y por los barrios, donde la honradez duerme y el vicio vela...

Vuelto a casa, a las altas horas de la madrugada, con el espíritu *amorriñado* y la cartera aligerada, comprobó lo caro que cuesta buscar un rato de alegría en lugares fríos, como salas de visita, en los que todos entran con cara de amargura, bailan con gesto trágico y es ridículo e indiscreto reirse o hablar en alta voz.

¡Cómo recordaba, entonces, aquellas casas bulliciosas, aquellas cortesanas alegres y vivarachas y aquellas juergas fáciles, con baile a más no poder, vino y licores a satisfacción y grata compañía, todo por diez míseras pesetas!

A los tres días, sin haber disfrutado mayormente, se halló con el bolso vacío. Recién entonces, reflexionó, descendiendo del mundo de las ilusiones abstractas al terreno de las realidades concretas.

Charlando con los compañeros de yugo supo muy amargas novedades. El ayudante del tenedor de libros, que era la categoría más alta en el escritorio, llevaba quince años en la casa, se quedara calvo, haciendo asientos en el **Diario** y el **Mayor** y tenía doscientos pesos de sueldo; hallándose expuesto, a que por cualquier bagatela lo plantaran en la calle. Contestar en alta voz al estúpido del Gerente, enfermarse más de diez días, o reincidir en alguna equivocación, eran motivo suficiente para ser despedido.

Los puestos del escritorio, sin embargo, eran

canongías, en comparación con los de la tienda. En ésta, los empleados se pasaban el día, abriendo y cerrando cajones de mercadería, preparando envíos y llevándolos del tercer piso a los sótanos, cargados, a reventar, con alfombras, cajas de sombrillas, botones, etc.

Uno retornara a España, enfermo del pecho; otro estaba en el hospital, con una inflamación a las vías respiratorias; éstos presentaban el color pálido de la anemia, fruto del poco comer y el mucho trabajar; aquellos aparecían envejecidos, prematuramente, cargados de hombros, mustios de mirada. Los sueldos eran de sesenta a ciento cuarenta pesos.

Los únicos seres felices, en aquella esclavitud de hombres libres, eran los viajantes. Tres o cuatro meses por la campaña y unas ventas provechosas, representaban, al regreso, los sueldos economizados, más el tanto por ciento y unos pesos, cargados de más a la casa en el renglón de gastos de viaje.

Algunos tenían que invertir esas economías en curar el estómago, averiado por las comidas repugnantes de los fonduchos de campaña o en fortificar la sangre, viciada por un contagio, atrapado en un cuarto de hora a picos pardos.

De todos modos, la plaza de viajante era una bicoca que todo empleado ambicionaba, y no es extraño que se sacrificasen a trabajar, haciendo méritos, para obtenerla.

Como para ser viajante se necesitaba conocer el artículo a conciencia; tener una charla superflua y embaucadora de mostrador, para ponderar medias, cepillos o botines, y poseer un estómago de avestruz, a prueba de malos aceites y peores vinos, Aurelio comprendió que Dios no lo llamara por el camino del comercio y que, si no escapaba de aquella ergástula mercantil, su porvenir se limitaría a envejecer, copiando cartas, y percibiendo ciento noventa pesos.

IV

Unas carcajadas, un baile y otras bagatelas

Desde su llegada, oyera conversaciones relativas a los bailes familiares con que algunas agrupaciones regionales, la noche del sábado, extraen unos pesos a sus asociados, para fines benéficos, tales como fundar una escuela laica en la aldea o construir una fuente en el pueblo.

Confiado en pasar un rato agradable, y hasta encontrarse con algunas personas conocidas, asistió a uno de esos bailes.

Primero fué espectador de un programa inverosímil, en el que figuraban poetas chirles, cantantes pésimos y artistas incipientes, tan detestables que, representando "Juan José", la concurrencia se reía a carcajadas.

Un señor de aspecto bilioso dirigió luego la palabra a la heterogénea multitud, para ensalzar las virtudes del proletariado, con tan poca habilidad, que, habiendo una mayoría de menestrales y sirvientas, y hallándose el orador alabando a unas y otros, un concierto de risitas mal disimuladas y toses sospechosas le advirtió el poco éxito de sus palabras.

Variando de táctica, el seudo-orador, la emprendió con todos los lugares comunes de la Historia de España, culpando de su decadencia presente a cuanto cura, fraile y monja vive por allá.

Esta nueva fase de la peroración, zurrándole a todo lo que olía a iglesia fué muy aplaud.da, más, como el discurseante pareciera dispuesto a dar la lata, el auditorio se intranquilizó:

—Venimos para bailar—gritó uno.

—Basta de palique—refunfuñó otro.

—Ejum, ejum—tosieron varios. Unas mozas se levantaron, otras movieron las sillas ruidosamente. El buen hombre, dándose por enterado, terminó con un ¡Viva España! que provocó una ovación. Aurelio no supo si atribuir aquellos aplausos a la fibra patriótica o a la satisfacción de no escuchar por más tiempo al orador.

Organizada la danza, hubo de santiguarse y reir ante las figuras grotescas y forzados gestos, con que aquella abigarrada multitud se entregaba a los valses, polkas, mazurcas y lanceros.

El empaquetamiento estrafalario, la indumentaria desconcertante y la solemnidad aparatosa, impropia del momento y de las personas, aumentaron en el desengañado joven el hilo de sus meditaciones. ¿Qué poder extraordinario tenía América para conseguir transformación tal?

Había encontrado un portero insolente; un ordenanza engreído y un zapatero con ribetes de literato. En los meses que llevaba de estadía, tuviera ocasión de ver convertido en mozo de café a un tenedor de libros; en hotelero a un filósofo revolucionario y en gran señora a una buscona de menor cuantía; pero creyó que aquellos eran cambios aislados, esperaba que los núcleos colectivos continuarían íntegros, con toda su pristina sencillez y naturalidad; ¡y no era así!

Bien se comprendía que la metamorfosis fuera completa: hablaban en difícil; pensaban en absurdo; querían imitar al señorío. Unicamente, y como una merced de Dios, permanecía inalterable el amor a la patria lejana. No obstante, sin ser un gran psicólogo, podía afirmarse que aquellos hombres de smoking, pantalón a rayas y corbata chillona, y aquellas mujeres de blusa verde, falda azul y peinados extraordinarios, recargadas de chafalonía y baratijas, eran en gran parte los causantes de que la leyenda embaucadora del oro, ganado a manos llenas, continuase rodando por tierras de España y atrayendo a incautos.

V

Algo que pudo ser una desventura

Entre las amistades de Monterrey figuraba una familia, llegada al país con unos miles de pesetas, unos baúles mundos, llenos de ropa y dos niñas casaderas.

El padre, hombre bueno y cachazudo, explicaba, llanamente, el por qué de su venida:

—Mi riqueza estaba en la aldea, sabe, y como las chicas, allí, no tenían salida, y mi primo me escribió que, trayendo algún dinero, podía enriquecerme pronto, me decidí. Más por las chicas que por nada, sabe. Porque a ellas, aquí, no les será difícil encontrar un mozo honrado y trabajador, sabe. Yo, en cuanto las case, me vuelvo a Galicia. No le quiero saber nada de América. ¡Si viera cómo extraño aquellas magras de jamón y aquellos jarros de vino! Esto se le hizo para los jóvenes, sabe, y yo soy ya viejo.

Puso una casa de pensión y Aurelio, que ya abandonara la hospitalidad de sus tíos, formó

parte de los huéspedes de don Genaro, que así
se llamaba el hombre.

Al poco tiempo, la ciudad bella y sonriente,
trastornó el débil magín de las impresionantes
niñas. Un paseo por Palermo, unas noches de tea-
tro y unas vueltas por Florida, bastaron a des-
pertar en la imaginación de las soñadoras penin-
sulares la vieja historia del fácil matrimonio con
un millonario americano.

Los trajecitos de etamina sufrieron unas escan
dalosas reformas, con arreglo al más extravagan
te figurín; los sombreritos de poco precio se vie-
ron recargados con unas flores de trapo y unos
llamativos adornos de percalina.

El día que salieron a la calle con aquellos pin-
torescos atavíos, los transeuntes se detenían a
mirarlas, y un compadrito, descocado y farandu-
lero, se acercó irónico:

—Oigan, niñas ¿son ustedes pajueranas o
anuncios de alguna academia de baile?

—Retírese, sinvergüenza, o llamamos a un vi-
gilante.

—No se enojen, maniquíes; se lo digo por el
traje.

Y se retiró riendo. Volvieron a casa, un tan-
to mustias por el incidente, pero creyendo que
las miradas que les dirigieran fuesen de admira-
ción, continuaron sus paseos vespertinos por las
calles más concurridas de la ciudad, en busca de
los ricachos que habían de solicitarlas en matri-

monio, para convertirlas en princesas del millón.

La mayor de ellas, Jacinta, no pasó desapercibida al apetito de mozo joven y galanteador del emigrado. Alta, pechugona, con unos ojos interesantísimos y un cuerpo más interesante, el contínuo trato y las facilidades de observación que, unas veces, le permitieron ver el nacimiento de unos senos mórbidos y, otras, la pecaminosa atracción de unas pantorrillas superiores, crearan en Aurelio cierta inclinación hacia ella, y se prometió conquistarla...

—¿Tiene, usted, muchos deseos de volver a España, Jacinta?

—Ninguno.

—¡Cómo ninguno!

—Claro que ninguno, porque allá viviría en la aldea, entre bueyes y gañanes y aquí, siquiera, una se divierte.

—¿Y si allá no tuviese que vivir en la aldea? Si encontrara, usted un hombre que la llevase a vivir a una de aquellas ciudades, alegres, como castañuelas, inquietas, como ,pájaros, simpáticas como flores.

—Como no conozco a ese hombre, no sé lo que haría.

—Ese hombre soy yo, Jacinta, yo que la amo, que la idolatro, que la adoro.

—Hombre, le ha dado a usted tan de pronto ese ataque de cariño que, a la verdad, desconfío que sea sincero.

—¿No le soy simpático?

—Sí, y mucho.

—Pues, entonces, quiérame usted y deje que yo le dé las pruebas de mi amor, y la convenza.

Aurelio no amaba a Jacinta. Sentía por ella un deseo brusco de poseerla, una impaciencia cruel de abrazarla, de morderla, si fuera posible...

Aquella muchacha, joven, bien parecida y expléndidamente formada, lo atraía con vehemencia, no con la tierna suavidad del afecto, sino con la pasión volcánica y sensual del apetito...

La niña, cansada de esperar al capitalista de sus sueños, aceptó las galanterías del hortera.

Una noche, todos se retiraran a descansar.

Monterrey, velaba en su pieza, entregado a la lectura de una de esas novelas eróticas que, para satisfacción y hartazgo de jóvenes pobres y calaveras, escribió Felipe Trigo. Al poco rato llegó Jacinta, con pretexto de buscar algo... El la agarró por la cintura, sin resistencia, por parte de ella, y la besó... Las palabras fueron lacónicas, las manos ágiles, el instinto, azuzado por la lectura, violento e irrespetuoso... Pero, Aurelio tuvo un instante de reflexión. Pensó en la villanía que iba a cometer; en las canas de don Genaro, que iba a deshonrar; y, volviendo en sí, le señaló la puerta.

—Vete, Jacinta, vete...

Humillada, puso en orden sus cabellos y vestido, lo miró retadora y ya en la puerta se volvió iracunda para escupirle un insulto:

—Eres un imbécil — le dijo, y se fué.

Al otro día, Monterrey advirtió que su cauto proceder levantara en el alma de la fogosa chiquilla un rencor eterno. Cuando una mujer, a la que cortejamos, se entrega, nos ofrece su amor o su odio. Aurelio eligiera lo segundo, y no le apenaba.

VI

Un majadero, como hay muchos

Pasó un año, luego otro. Nuestro hombre, que, a raíz de su aventura, cambiara de pensión, dedicándose a conquistas más fáciles e irresponsables, dejó su cargo de la casa importadora, para ir a ocupar un puesto que cierto amigo influyente le ofrecía en una repartición nacional. Trabajaba menos y ganaba más.

Los compañeros de oficina, argentinos en su mayoría, lo trataban con afecto. De vez en cuando, al hablar de España, dejaban caer en la conversación uno que otro comentario absurdo, referente a los usos, costumbres e importancia de la península, comentario formado a base del portero insolente, del ordenanza engreído y de los bailes de sábado.

Contribuía a dar fuerza a la opinión, que aquellos excelentes muchachos tenían de la madre patria, el mozo de un café cercano.

Manoliño, como le llamaban todos, si bien su nombre era José, naciera en un villorrio, próximo a Lugo, y era de lo más zote, cerrado y majadero, que la tierra del Sacramento mandara a estos paí ses.

Para aquel necio, que andaba en dos pies, por costumbre, nada había tan malo como su patria. En ella, al babosear de aquel descastado, se comía poco, se dormía en pocilgas y se vivía miserablemente.

En vano Aurelio quiso convencerlo de su error, y de lo pernicioso de su propaganda; Manoliño no quería saber de patriotismo.

Huyendo de un proceso, por ataque a mano armada, embarcó clandestinamente en la Coruña. Del villorrio al tren, de éste al barco y del camarote a Buenos Aires, la enorme ciudad asombró sus retinas, acostumbradas a la calma de los valles y de las montañas.

El cuello planchado, la corbata de vivos colores y el smoking de mozo de café lo despertaron a la realidad de su nueva vida. Veinticinco pesos, casa, comida y propinas eran lo bastante para satisfacer las ambiciones del lugareño. Aquello de que por dos pesos pudiera regodearse con unas mundanas tan copetudamente trajeadas, como las señoritas que a veces pasaban en automóvil por su aldea, acabó de sacar de quicio al asombrado rapaz, y para él no hubo más patria, ni más Dios, ni más mundo que la Argentina.

¡Cuántos Manoliños habrá, por ahí, fomentando con su estulticia el descrédito de España!

VII

Desde las cumbres

El amor al terruño, que, cada día, arraigaba
más en el corazón de Monterrey, lo impulsó a es-
cribir unas crónicas bellas y unos versos sentimen-
tales que, publicados en diarios y revistas, le fa-
cilitaron la amistad con escritores y hombres de
mundo.

Por aquel entonces, alcanzó a conocer a la otra
clase de emigrados, cuya cultura, prestigio e im-
portancia, contribuían a que en las altas esferas
de la política, de la cátedra y de la prensa, se
rindiera culto de simpatía y afectuosidad a la na-
ción iniciadora de la vida civilizada en estos paí-
ses.

Componían dicha *élite*, hombres maduros de
edad, escapados a la represalía del Estado espa-
ñol que trataran de derrocar; unos cuantos espí-
ritus inteligentes y aventureros y algunos carac-
teres enérgicos y laboriosos, para quienes Améri-
ca fué pródiga.

En las aulas de las universidades argentinas,
en las columnas de los periódicos y revistas, en el
foro, en las artes y las industrias, su cerebro fe-
cundo y emprendedor, reconquistara para Espa-
ña, por medio de la ciencia y la enseñanza, el

amor de estas tierras, perdidas por la fuerza de las armas.

No le pasó desapercibido, tampoco el valor que representaban, en el orden moral, sociedades tan ricas y prestigiosas, como el Club Español, la Cultural y la Patriótica, y se dió perfecta cuenta de los inmensos servicios prestados por la Asociación Española de Socorros Mutuos y el Centro Gallego de Buenos Aires, como asimismo por otras muchas agrupaciones que, imitando los fines de ambas, ofrecían a sus asociados, por una módica cuota mensual, doctores, medicamentos y otros beneficios.

Pudo cerciorarse de que, mientras los hombres de mentalidad superior amaban a España y se sentían orgullosos de su origen hispano, en las capas sociales, de menor cuantía, se menospreciaba al *gallego*, y, siempre, una pulla sangrienta o un vocablo impúdico, eran enarbolados por villanos y estultos al evocar el recuerdo de la madre patria.

¡Ah Manoliños torpes, que, con vuestros primos y primas, sois causa de esta diferencia de apreciaciones! Cuántos de vosotros, tras los años de brega contínua y fatigosa, en los que quizás reunisteis unos pesos, a costa de vuestra mocedad y salud, al sentiros viejos y cansados pensasteis con ternura en el terruño pretérito, y a él habéis vuelto los ojos y el corazón!

¡Dios perdone a vuestra incultura el mal que causó a la Patria! ¡Y el que está causando!

VIII

Cartas sin trascendencia

La tarde otoñal, estúpida, enervante, convidaba al aburrimiento. Buenos Aires resulta monótono y vácuo en los días grises.

Aurelio, en goce de una licencia, no sabía que hacer: entre vagar por las calles o entregarse a la lectura, optó por contestar a una carta que recibiera de España.

En América, eso de escribir a los de allá, es labor tan ímproba y violenta, como la de buscar quien facilite cien pesos, para salir de un apuro. Y valga la comparación, porque en ambos casos el protagonista pone a prueba su facundia y aptitudes, para mentir, lo más decentemente posible.

¡Cartas de emigrados, bellas o monstruosas mentiras, sí los que os leen pudieran adivinar lo que ocultáis; cuántas desgracias se hubiesen evitado!

La envidia, la calumnia, y el engaño se agazapan en esas cartas, muchas, muchísimas veces, para manchar honras, restar prestigios y asombrar a crédulos.

Aun portadoras de dinero son embusteras, al ocultar, frecuentemente, los trabajos sufridos para reunirlo.

De ahí que los emigrados sean parcos en dar noticias de su persona.

Para enviar el giro, que compruebe el triunfo, se necesitan meses, quizás años: para hablar de fracasos y amarguras ¿quién se anima a tomar la pluma?

La modorra del día creara en Aurelio la necesidad de expansionarse con alguién, y se puso a escribir:

Buenos Aires.—1917.

"Estimado y pesimista amigo: No me extraña que creas a la República Argentina, poco menos que en cueros, y sin tener pan que llevar a la boca.

He leído los diarios de ésa, relatando las calamidades de la crisis que nos aqueja. Con ser cierto que por estos pagos andan los comestibles al vuelo y los cesantes a gatas, creeme que América continúa siendo América para muchos.

Por ser más vieja que nosotros, y más conocida que el modo de andar en dos pies, no voy a referirte la fábula de la hormiga y la cigarra, que puede servir de clave a lo que aquí pasa.

Hay tanto dinero, o más, que antes; lo que acontece es que cambió de dueño y, mientras los antiguos poseedores, que se pasaron el buen tiem-

po, derrochando, se ven arruinados, otros, insig-
nes desconocidos, que trabajaban en tanto aquéllos
se divertían, son hoy dueños de la situación. Esto
es lo ocurrido; ya ves que no tiene mayor impor-
tancia.

No obstante, como sorprendo en tus labios una
pregunta, voy a responderla: ¿Por qué vagan tan-
tos hombres sin colocación? ¿Por qué retorna tan-
ta gente?

La guerra aquí, como ahí, contribuyó a parali-
zar muchas fuentes de recursos, al disminuir las
relaciones comerciales con Europa.

Además, no es solamente esto. ¡Nos hallamos
en un país agrícola y ganadero con tierras fera-
císimas, sin cultivar, con parajes riquísimos, in-
lexplorados. Ahora bien; para esas tierras, que
piden braceros, para esos campos, que reclaman
colonos, para esos parajes, en los que abundan la
caza y la pesca, llegan peritos' mercantiles, pro-
fesores de caligrafía, músicos, señoritos sin ca-
rrera y palurdos que aspiran a mucamos y que
quieren a toda costa quedarse en Buenos Aires,
porque las comodidades son mayores.

Y en tanto la tierra feraz suplica brazos que la
trabajen; mientras en el interior los bosques per-
manecen vírgenes, esperando al hombre audaz y
emprendedor y los animales valiosos pululan li-
bremente y faltan gentes para la cosecha, por las
calles de Buenos Aires, millares de hombres sa-
nos, fuertes, fracasados en sus sueños de grande-

za, mendigan la merced de una limosna; para no morir de hambre, para volver al regazo de la patria...

En el momento de disponerse a continuar, la puerta de su pieza se abrió con estrépito, dando paso a Carmelo, un andaluz algarero, mentiroso y simpático, que se sabía de memoria la familia de cuanto caballo corría en el hipódromo.

—Pronto, Aurelio, ven conmigo.

—¿A dónde?

—A Palermo. Me acaban de dar una fija infallable.

Carmelo habló poco, más con tanta seguridad en el resultado, que Monterrey no pudo menos de creerlo. Por seis pesos lograr doscientos en menos de una hora: ¿Quién desdeña negocio tan pingüe? El dato era bueno. Carmelo, audaz y entrometido, lo había logrado de la esposa del mismo jockey que corría el caballo, cuyo batacazo asombraría a la cátedra. Guardando la carta, para continuarla otro día, acompañó a su amigo al hipódromo.

No obstante ser jueves, y día de labor, aquello rebosaba de gente. En las tribunas populares se veía una multitud, en su mayor parte mal trajeada, con facha de taures y perdularios, algunas caras febriles, que acudían a tentar fortuna, confiando a las patas de un caballo, la multiplicación de su sueldo o el dinero de su mujer, y unos cuantos aburridos que cayeran allí, como podían haber ido a la catedral.

En los momentos que preceden a la largada, se charla, se discute, se comenta; a medida que los caballos se acercan a la cinta el bullicio decrece; y sólo se percibe el rumoreo semejante al de un mar en calma.

Largada la carrera, el rumoreo conviértese, en tormenta de ansiedad que rompe en gritería ensordecedora, cuando los caballos pasan ante las tribunas...

Después, el estrépito se apaga; los que ganaron corren a cobrar sus dividendos y los que perdieron, se empeñan en explicar lo inexplicable, y en probar suerte nuevamente, sacando unos boletos para la otra carrera.

El dato de Carmelo fracasó, si bien se dejó ver que no era del todo equivocado.

—Si el jockey hubiera castigado más, los roba, decía Carmelo.

—Si no hubiesen corrido tan bien, los que entraron primero, puedes asegurar que ganábamos, respondió Aurelio, y despidiéndose de su amigo, que pretendía continuar jugando, abandonó aquel lugar de recreo y de vicio.

IX

Una conquista fácil e inesperada

Aconteció en uno de esos pintorescos bailes de sábado. Aurelio Monterrey concurría en busca de una aventura fácil, ¡que desterrase su morriña.

Ella, provocativa y extravagante en su vestimenta, valsaba con un hombre, rechoncho y simiesco...

Aquel talle esbelto, aquellos ojos audaces y buscones, aquella boca fresca y lasciva le recordaron a otros ojos, a otro talle, a otra boca.

¿Dónde había visto él a esa mujer? Fué a solicitarla para una polka. Ella aceptó.

—Yo la conozco a usted.

—¿Estoy tan cambiada?

Ahora recordaba él. Aquella era Marcela, la modistilla apetitosa y linda, compañera y amante de viaje que, no obstante el papel que había jugado en su vida, cayera en el más ingrato de sus olvidos. Hubo mutuas acusaciones y disculpas...

El cuerpo estatuario de la moza, en un provocativo abandono, se desmayaba.

—¿Estás sola?

—Aquel que bailó antes conmigo es mi marido.

Un italiano, amigo de mi familia. Me aconseja-
ron casara con él, porque tiene algún dinero.

—¿Lo quieres?

—Es un áspero, un ordinario.

La charla continuó susurrante, descocada, y
como ella no estaba satisfecha del marido y Au-
relio tenía un porte gentil y cariñosos decires,
quedó convenido el pecado de una cita...

En el bar el italiano, fraternizaba con sus cu-
ñados, escanciando botellas de cerveza, y dicien-
do, a cuantos lo querían oir, que se había casado
con una española, porque es la mujer más fiel
a su marido. Olvidaba que hay excepciones.

X

El fin justifica los medios

Las entrevistas fueron efusivas, cordialísimas y frecuentes.

—¿Y tu marido?

—Cada día me parece más repugnante. Tiene un modo tan brutal de acariciar. En cambio, tú... y Marcela, con desfallecimiento felino, se rendía a la caricia sabia y perversa de las manos de Aurelio.

El italiano, rechoncho y plebeyo, notó en su mujer un desapego y esquivez sospechosos, y si bien ellos fueron hábiles, para disimular, él no fué torpe para comprender que Marcela, tan hermosota, grácil y seductora, tenía que llamar a la fuerza la atención de todo mortal que tuviese ojos en la cara y médula en los huesos.

El hombre temió que le robaran el cariño de aquella mujer, que él creía suyo, dedujo que la cara bonita es lo que primero llama la atención, que no hay Don Juan que se entusiasme con un cuerpo garboso, si ve un rostro horrible y me-

ditó el modo de hacer que su esposa pasase des-
apercibida para los demás hombres.

Un día, *descuidadamente,* dejó caer en la cara
de Marcela un frasco de vitriolo y, haciéndose
el desolado, le prestó solícito los primeros auxi-
lios, maldiciendo a toda la corte celestial, por
desgracia tanta.

Cuando, convaleciente, se miró al espejo, halló-
se tan repulsiva y tan asqueante, que renunció
a ver a Monterrey, segura de que, al mirarla, su-
friría un desencanto y la desdeñaría.

Lloró amargamente, por su belleza perdida,
mientras el italiano, seguro de que nadie se la dis-
putaría, la consolaba filosófico:

—E bueno, mía donna. Secate la lágrima. Il
tuo corpo nada sufrió e como io solo aporto in
casa por la note...

XI

A la luz de los relámpagos

La noche era huraña y desapacible. Caía el agua a plomo, pesadamente, tal como debió de caer en los bíblicos días del diluvio.

Buenos Aires presentaba el aspecto de una ciudad beatífica y vetusta. La tranquilidad de las calles era interrumpida, de tarde en tarde, por el pesado rodar de un tranvía o el vertiginoso tránsito de un automóvil...

Luego la quietud reinaba de nuevo, y solo se percibía el ruido monótono, chocleante de la lluvia intensa y pertinaz...

Aurelio estaba en el café; no en uno de esos lugares de recreo y de vicio, a la española, en los que se pasan los ciudadanos dieciocho horas, hablando mal del gobierno y jugando al dominó, sino en un establecimiento de paso, en el que se entra para refrescar el gaznate, buscar a un amigo a planear un negocio, todo apresuradamente.

Aprovechando un momento de escampa, abandonó el local y se detuvo a esperar el tranvía. Empapado y tembloroso se le acercó un hombre, solicitando una limosna.

No obstante la derrotada presencia del pedigüeño, Monterrey reconoció en él a un amigo de otros tiempos.

Fué allá en Galicia donde trabaran amistad. El mendigo, por aquella fecha, era dependiente de una importante casa de comercio, ganaba quince duros y su porvenir era seguro.

Más de una vez hiciera ciertas rebajas a Monterrey en el precio de unas corbatas y calcetines, y hasta le ayudó a reponerse, cuando en el Centro de Dependientes el confiado Aurelio se dejaba saquear a las siete y media y al tute·

Sorprendido Monterrey por el encuentro y la mísera presencia de su amigo, quiso entrar en averiguaciones de aquel lastimoso cambio. El café les brindó abrigo y una vez confortado el estómago del caído, mientras, afuera, la tormenta se desencadenaba furiosa, conversaron:

—Tú no sabes, decía el infeliz, lo que llevo sufrido en un año de América.

—¿Por qué te has venido?

—La ambición, amigo mío. Me contaron milagros tales de estas tierras que no vacilé en probar fortuna. En Buenos Aires, me afirmaban, un muchacho de tus aptitudes para el comercio hace un capital en dos o tres años. Yo, mentecato, lo creí, y aquí me tienes en la mayor miseria.

—Dime, ¿llegaste a la buena de Dios?

—Traje unas cartas de recomendación inútiles. Fuí a las sociedades españolas y no logré más que buenas palabras; visité nuestros periódicos y me dijeron que en peor situación que la mía había muchas familias.

—¿No sabías de algún amigo que te orientase?

—¡Amigos!... ¿Los hay en América cuando el infortunio cae sobre uno? Porque los que yo tenía, a los que recurrí, me recibieron desdeñosamente, al ver mi penosa situación, temiendo sin duda que fuera a pedirles algo.

Contarte mi viacrucis en busca de empleo sería interminable. Te bastará saber que lavé platos, fregué pisos y lustré botines, a cambio de una comida pésima y un rincón inmundo para dormir.

El infeliz lloraba... Aurelio trató de confortarlo.

—Ten fe y paciencia. Este es un país de sorpresa. Tal vez cambie mañana tu suerte. Muchos de esos ricachos, que ves por ahí, pasaron también días de hambre y noches de frío, pero no se desesperaron. Ten fe y paciencia...

—¡Fe... paciencia!... Muy bonitas, cuando tenemos la mesa puesta y la cama segura; mas así, en esta desolación, creeme, no satisfacen...

Calló el afligido su dolorida charla. El viento norte barría hacia la pampa los voluminosos vientres de las nubes. Salieron del café. Un vigilante inflexible y ordenancista hacía caminar a una turba de hombres, mujeres y niños que se acurrucaran en el hueco de una puerta. Aurelio, dispuesto a proteger a su amigo, le brindó hospitalidad.

XII

Patriotismo sospechoso

Pasando revista en su memoria a las perso-
nas influyentes de la colectividad, con quienes
trabara relación, pensó en don Jacinto Soto,
propietario de tres o cuatro chacras, de unas
casas muy valiosas y de unos terrenos en la cam-
paña. Nadie mejor que él, por sus vinculacio-
nes comerciales, para satisfacer los deseos de
Aurelio. Y a él recurrió. Después de un rato de
charla el capitalista decía, indignado:

—Usted afirma que en todo emigrado hay un
audaz y un rebelde, un mártir y un hombre, y
se engañó, mi amigo, porque lo que hay en todo
emigrado es un grande, un inmenso cobarde.

—¿Y los sacrificios soportados? ¿Y las eco-
nomías impuestas para mejorar a los suyos y,
hasta contribuir al florecimiento de las aldeas,
pueblos y provincias? — objetó Aurelio.

—Música. Los muchachos jóvenes, con cierta
imaginación y tendencias aventureras, hallan he-
roico y admirable eso de salirse, mundo adelan-
te, en busca de la riqueza que la precaria situa-

ción de la Patria no puede ofrecer. ¡Mamarrachos!

—Es que allá no se gana ni para fumar; aquí hay más horizonte, más facilidades.

—Fueron tiempos, mi amigo; lo que es hoy, no. Sin embargo, la gente, seducida por las falsedades de los que no quieren confesar su fracaso, continúa viniendo "a lograr fortuna", porque no es otro el motivo que nos arroja a estas playas. Y ¡vive Dios! que la causa es bien ruin y egoísta. Aquello del Quijotismo, el espíritu aventurero y demás frases hechas son paliativos para encubrir la cobardía que nos empujó a emigrar. Qué cobardía es, y grande, abandonar la tierra donde uno nació para luchar en otra, sometiéndose a todo lo que en la suya no quiso someterse.

La audacia, el valor, el heroísmo estarían, allá, en la aldea, en el pueblo, en la patria. Luchar, allí, briosamente, abnegadamente, y crearse una posición, porque también allí se hacen fortunas, y se redondean personalidades, y se crean porvenires.

—¿Así que usted no cree que el descubrimiento de América dió honra y provecho a España?

—¡Qué voy a creer! Yo maldeciré el descubrimiento de América, porque lo conceptúo la mayor calamidad para mi patria. Fué una sangría que la mano de Colón abrió en un costado de España, y por la que se fueron sangre y energías, necesarias para enriquecer y solidificar el alma nacional.

Y Europa no fué nuestra porque América, como la sirena mitológica, nos atrajo para devorarnos, y no hicimos una revolución necesaria para sanear nuestra vida política, porque la juventud, que podía hacerla, huyó a estos países.

—Vea que anualmente ingresan en la península muchos millones procedentes del trabajo español en este continente.

—Esos millones de pesetas no compensan los brazos y cerebros que América escamoteó a nuestro comercio, a nuestra industria y a nuestra política.

—En cambio esos cerebros y esos brazos nos dieron cierta importancia y crédito aquí.

—No importa; mejor estaban allá, y, volviendo a su pedido, lamento no poder ofrecer a su recomendado una colocación. Lo único que puedo hacer en su obsequio es encabezar una suscripción para enviarlo a España.

Aurelio, suponiendo que sería más fácil esto que hallarle un empleo, aceptó la oferta.

Días después el desventurado emigrante retornaba a su tierra, donde consiguió reingresar a la casa de comercio en que había estado.

Más tarde, Aurelio, averiguó que don Jacinto Soto estaba a dos pasos de la ruina por la desvalorización que sufrieran las propiedades, y se explicó el ataque de patriotismo recalcitrante con que lo había recibido.

Verdaderamente, el buen señor tenía que estar furioso para un país que, en pago de sus sacrificios y esfuerzos de muchos años, le entregara, poco a poco, una fortuna y, ahora, en cuestión de horas, se la arrebataba.

XIII

La mujer, siempre la mujer...

Anochecía lánguidamente, deliciosamente. La primavera, suave y pródiga, abriera en los jardines las primeras flores y colgara en los árboles de las avenidas las primeras hojas.

Buenos Aires, en esos anocheceres tibios y perfumados, tiene un aspecto de policromía y bullicio que lo hacen ideal y encantador.

Aurelio, al salir de la oficina, se dirigió a la calle Florida, elegante y lujosa exposición, por la que desfilan gentes de todas latitudes, bellezas de todos países, elegancias de todas razas.

Ante las deslumbradoras vidrieras de las joyerías y los seductores escaparates de las tiendas una multitud heterogénea y distinguida desfila.

Se ven entre ella las caras hermosas de las porteñas, los cuerpos airosos de las españolas, los tipos bellos y rígidos de las inglesas, los ojos pasionales y apuñalantes de las italianas. Y luego los hombres, altos y rubios unos, pequeños y pálidos otros, morenos y bien formados éstos, exageradamente elegantes los de más allá. Para completar el cuadro, uno que otro campesino llegado del interior y fácil de conocer por su piel curtida, por su traza ordinaria y su palabra con dejo de melodía, discurre aturdidamente.

Después de caminar unas cuadras, Monterrey distinguió en la semioscuridad de un portal una figura esbelta de mujer. Al advertir que la miraban, echó a andar, moviendo, adrede, las arrogantes caderas.

Aurelio la siguió, por apartadas calles, hasta una casa de sospechoso aspecto. La buscona le hizo señas. Entró...

En la desordenada sala, albergue de conquistas a precio fijo, reconoció, asombrado, a la seductora Jacinta. Ella refirió con desparpajo su caída...

—Cuando me despreciaste, no puedes suponer el odio que te cobré. Más tarde reconocí que te portaste como un caballero.

—¿Cómo estás aquí? ¿Y tu familia?

—De mi familia, no sé, che. Creo que se han ido a España.

—Y tú ¿por qué te has quedado?

—Mira; al poco tiempo de irte, llegó a casa un mozo elegante y guapo. Me hizo el amor, le acepté y aquel sinvergüenza me engañó. Creyendo cuanto me decía, huí con él. Primero fuímos a Chile, luego hemos vuelto a Buenos Aires. Se le acabó el dinero y me obligó a que yo se lo proporcionase.

—¿No te das cuenta de lo bajo que caíste?

—El primer día me dió mucho asco; creí morir de vergüenza y repugnancia; mas como, a pesar de todo, lo quiero mucho, mucho, porque el esté contento y tenga dinero, soy capaz de todo, hasta de robar. Y ahora, si puedes, te agradecería me dieses unos pesos; hoy no tuve suerte, y, si llego a casa sin plata, tendré un disgusto.

—¿Por qué no abandonas a ese rufián? Eres joven, quizás estés a tiempo de regenerarte.

—No puedo, Aurelio, no puedo. El, para mí, es todo, y si me falta, no sé qué sería de mi vida, de esta desgraciada vida que llevo y que soporto sólo por él.

Aurelio recordó al Divino Maestro, perdonando a la Magdalena, porque había amado mucho y, apiadándose de la pecadora, le dió unos pesos que llevaba.

—Dios te lo pague, hombre, — dijo la infeliz, y se los guardó en la media. — Ahora, si quieres... — y acercóse a él intentando seducirlo con la palpitante caricia de sus manos expertas en el arte del pecado y de la lujuria. Monterrey, pretextando un asunto urgente, se desprendió del abrazo impúdico de aquel cuerpo que un día ambicionara...

Ya en la calle, recordó sus amores con Jacinta, en la modesta pensión, y se acusó autor de la desgracia de ella. ¿Por qué no se había casado con esa mujer, capaz de tales sacrificios por el hombre amado? ¡Quién sabe si, de haberlo hecho, Jacinta hubiera sido una excelente esposa y una ejemplar madre! Este remordimiento romántico duró poco tiempo, afortunadamente para él.

XIV

La negra noticia

El correo de la península, esperado con tanta ansiedad, por cuantos viven, mirando al otro lado del océano, trajo para Aurelio una desoladora noticia. Su buen padre se había muerto.

Con los ojos, velados por la tristeza, leía la dolorosa carta de su madre:

"Querido hijiño: Te pongo estas letras bajo la impresión más cruel de mis días.

Tu padre, el compañero y amparo de toda mi vida, no quiso esperarme, para dejar juntos este mundo. Unas malas lenguas dieron en decir por acá que te habías juntado con una perdida, y estabas hecho un granuja, sin honor.

Como tus cartas eran escasas, y poco expresivas, lo creyó, y de nada sirvieron mis consejos. Yo creo que tú eres bueniño y la Santísima Virgen velará por tí; mas el pobre Marcos no fué de mi parecer. ¡Y cómo se consumió el pobriño!

Primero, fué un desgano de toda comida... luego un acabamiento de todo él. Ni los remedios de los mejores médicos, ni las ofertas a los Santos más milagrosos, ni cosa alguna de este

mundo, pudo con aquel mal que le entró como
una meigueria. Y se murió el cuitado, pensando
en tí y perdonándote·

Yo continúo creyendo que tú no hiciste eso, y
maldigo a las almas calumniadoras, que me
acarrearon tan tremenda desgracia.

¡Me veo tan sola, Aurelio! Siento un frío tan
grande, sin tener con quien desahogar mi pena.
¡Todo sea por el santo amor de Dios! Yo te pe-
diría, hijiño mío, que te vinieses a cerrar los
ojos de tu desamparada madre y a recoger lo que
tu padre dejó y que tanto trabajo le costó ga-
nar; ya supones que en manos extrañas corre el
peligro de perderse.

Y no te digo más, Aurelio mío. Si no eres un
descastado, ni un mal hijo, si el vivir en esas
tierras no te emponzoñó el alma y eres, como yo
te enseñé a ser: un hombre temeroso de Dios,
ven al lado de tu desconsolada madre, esta vie-
jiña que te dió el ser, que te quiere mucho y só-
lo vive para verte y abrazarte.''

Monterrey lloró ante la carta fatal. Los hom-
bres de corazón lloran cuando la amargura o la
desgracia golpean a las puertas de sus senti-
mientos. ¡Ah si pudiera saber quiénes habían
sido los calumniadores! Con qué satisfacción les
retorcería la venenosa lengua, que hurdía mal-
dad tanta, o les cortaría la miserable mano, que
escribiera tan mortales y falsas acusaciones.

El, que jamás había hecho mal a nadie; que
nunca se ocupara de propalar los defectos de los

demás, conociéndolos y mucho; él, que había enmudecido ante el ditirambo a prestigiosos de doublé y a honrados de pacotilla, cuando pudo desenmascararlos y probar como unos eran farsantes y otros ruines; él, mezclado a una calumnia repugnante, rodando por las conversaciones de las comadres de barrio y los chismosos de café que; en la lejana provincia, amargarían, "piadosamente", los últimos días de su anciana madre...

No había más que un camino: volver allá y demostrar, a los que de él murmuraban, que si no había reunido un capital, tampoco había enfangado su honra...

XV

El amargo retorno

Llegó el día que todo emigrado espera con ansiedad: el del retorno a la Patria. El transatlántico, se alejaba...

Aurelio, con los ojos humedecidos, veía desaparecer, lentamente, la gran ciudad, en que, durante unos años, viviera días de inquietud y noches de placer.

Iba a su terruño junto al ser que más quería, a recoger una regular fortuna y se hallaba triste, muy triste, porque al alejarse de la tierra donde soñara enriquecerse, le pareció dejar algo muy grande, muy íntimo, muy suyo: su juventud frívola y despreocupada y sus idealismos de horas más risueñas. Confiado, viera pasar los días, esperando, siempre, un mañana más feliz y más afortunado, en que sus sueños se realizarían.

Y de pronto se truncara esa esperanza...

Allá quedaba la nueva Cartago, con sus calles innumerables y modernas, con sus edificios cuantiosos y extravagantes y con sus gentes afanosas y activas, llegadas de las cinco partes del mundo. Allá se quedaba la tierra de promisión, en que alientan tantos sueños, se amasan tantas fortunas y se ocultan miserias tan grandes; tierra de un pueblo joven, enérgico y bien gobernado, que da lecciones de serenidad y criterio al mundo...

Aurelio hizo balance de sus días de emigración. Pobre viniera y pobre regresaba; empero, como Zamacois, llevaba experiencia de la vida y conocimiento de los hombres. ¿Qué valía el oro que otros portaban, al lado de las enseñanzas que él había adquirido?

Cariñosamente, volvió los fatigados ojos a la gran urbe, que se esfumaba en la lejanía y, largo rato, la contempló, ansiosamente, como si quisiera aprisionar en sus retinas la visión grandiosa y multiforme de Buenos Aires.

FIN

OBRAS DEL MISMO AUTOR

PRÓXIMA A PUBLICARSE:

La Cruel. — Novela de lujuria y perversión.

EN PREPARACIÓN:

Corazón y nervios. — Novela de emigrantes.

La Casa de Pensión. — Novela.